Bundesverband der Berufsbetreuer/innen e. V. (BdB) (Hg.)
**Ohne Wenn und Aber:
Professionelle Betreuung anerkennen!**
Jahrbuch des BdB 2018

Bundesverband der
Berufsbetreuer/innen e. V. (BdB) (Hg.)

Ohne Wenn und Aber: Professionelle Betreuung anerkennen!

Jahrbuch des BdB 2018

Bundesverband der Berufsbetreuer/innen e.V. (BdB) (Hg.)
Ohne Wenn und Aber: Professionelle Betreuung anerkennen!
Jahrbuch des BdB 2018
1. Auflage 2018
ISBN-Print: 978-3-86739-162-7
ISBN-PDF: 978-3-86739-923-4

Bibliografische Information der Deutschen Nationalbibliothek
Die Deutsche Nationalbibliothek verzeichnet diese Publikation
in der Deutschen Nationalbibliografie;
detaillierte bibliografische Daten sind im Internet über
http://dnb.ddb.de abrufbar.

BdB e.V. im Internet: bdb-ev.de

Zum Schutz von Umwelt und Ressourcen wurde für dieses Buch
FSC®-zertifiziertes Papier verwendet.

© Bundesverband der Berufsbetreuer/innen e.V. (BdB), Hamburg 2018
Alle Rechte vorbehalten. Kein Teil des Werks darf ohne Zustimmung
des BdB vervielfältigt, digitalisiert oder verbreitet werden.
Wir danken dem Verlag Klaus Wagenbach, Berlin, für die freundliche
Abdruckgenehmigung des Gedichtes von Erich Fried auf Seite 18.
Umschlagkonzeption und -gestaltung: GRAFIKSCHMITZ, Köln
Typografiekonzeption: Iga Bielejec, Nierstein
Satz: BALANCE buch + medien verlag, Köln
Druck und Bindung: MedienHaus Plump GmbH, Rheinbreitbach

EDITORIAL 7

Thorsten Becker

EINLEITUNG

Das große Dilemma der Berufsbetreuung:
Vergütungserhöhung verwehrt, Qualität eingefordert 10

Anne Heitmann

WISSENSCHAFTLICHE GRUNDLAGEN UND FACHLICHKEIT

Professionalität im Spannungsverhältnis
von Schutz- und Freiheitsrechten 18

Dr. phil. Michael Wunder

Von »besonderen Gewaltverhältnissen« zur Unterstützten
Entscheidungsfindung – unter besonderer Berücksichtigung
der Zwangsbehandlung 31

Ulrich Engelfried

Das »Wohl« im Betreuungsrecht und
die UN-Behindertenrechtskonvention 46

Uwe Harm

FACHPOLITIK

Ohne Wenn und Aber: Professionelle Betreuung anerkennen! 52

Thorsten Becker

Chronologie der Betreuervergütung 70

Peter Winterstein

Die Politik des BdB im Lichte der 2017
abgegebenen Stellungnahmen   85

Dirk Brakenhoff

Wo die Aufsicht endet: Regelungsdefizite im
Ermessensspielraum rechtlicher Betreuer/innen   107

Kay Lütgens

Meilensteine auf dem Weg zur anerkannten Profession   119

Horst Deinert

BETREUUNGSRECHT

Rechtliche Entwicklungen in der Betreuungsarbeit   136

Kay Lütgens

BETREUUNGSPRAXIS

Nicht alles schlucken: Krisen und Psychopharmaka   152

Iris Peymann (fachliche Begleitung: Dr. med. Volkmar Aderhold)

Betreuungsqualität sichern:
realistische Ziele, praktikable Ansätze   168

Hilke Wolken-Gretschus, Eberhard Kühn

Professionelle Maßstäbe zur Unterstützung
ver- und überschuldeter Klient/innen   174

Hans Peter Ehlen

AUTORINNEN UND AUTOREN   182

EDITORIAL

Liebe Leserin, lieber Leser,
Sie halten die erste Ausgabe des BdB-Jahrbuches in den Händen. Auch wenn der Untertitel es vielleicht suggerieren mag: Es ist keine Chronik der Verbandsaktivitäten für das zurückliegende Jahr. Vielmehr spiegeln die 180 Seiten fachliche und berufspolitische Entwicklungen und Standpunkte im Kontext beruflicher Betreuung wider – verbunden mit dem Anspruch der Multiperspektivität. Viele der insgesamt dreizehn Artikel in diesem Kompendium basieren auf inhaltlichen Beiträgen zu BdB-Veranstaltungen im Jahr 2017, vor allem anlässlich der Jahrestagung. Wenn Ihnen der Titel »Ohne Wenn und Aber: Professionelle Betreuung anerkennen!« bekannt vorkommt, so ist dies im Sinne einer großen Klammer gewollt. Diesen konzeptionellen Ansatz werden wir auch in Folgeausgaben der kommenden Jahre beibehalten, denn die Jahrestagung steht mit ihren Mottos immer auch für die große Entwicklungslinie.
Zurück zur Premieren-Edition: Wir freuen uns sehr, so viele kompetente Autor/innen gewonnen zu haben, seien es renommierte Fachexpert/innen, erfahrene Praktiker/innen oder kritisch-konstruktive Begleiter/innen der Betreuung. Sie alle liefern Lesenswertes und Hintergründiges, verteilt auf die Jahrbuch-Rubriken Wissenschaftliche Grundlagen und Fachlichkeit, Fachpolitik, Rechtliche Entwicklungen in der Betreuungsarbeit sowie Blick in die Betreuungspraxis. Ein dicker roter Faden ist das große Spannungsfeld zwischen der Vergütungsmisere und notwendigen Reformen im Zeichen der Qualität.

Jahrbuch ist auch Ja-Buch

Dieses Jahrbuch – und so soll es bleiben – ist gleichzeitig ein »Ja«-Buch: ja zum fachlichen Diskurs, ja zum Beruf Betreuung und vor allem ja zur Qualität! Erreichen möchten wir mit dieser Publikation neben BdB-Mitgliedern all jene, die in Politik, Wissenschaft, Gerichts- und Behördenalltag mit Betreuung zu tun haben.

Neben den vielen Autor/innen bedanke ich mich auch beim Balance Verlag, dass er dieses Projekt mit uns realisiert. Dass wir ein eingespieltes Team sind, haben wir bereits bei der fünfjährigen Zusammenarbeit für die Fachzeitschrift kompass unter Beweis gestellt und das Jahrbuch versteht sich quasi als Nachfolger des kompass'. Daher bin ich guter Dinge, dass wir auch im Frühjahr 2019 eine im doppelten Sinne vielseitige zweite Ausgabe des Jahrbuches vorlegen können – nicht zuletzt, weil sich bis dahin fachlich und politisch wieder viel bewegen wird. Bleibt mir an dieser Stelle nur noch zu sagen, dass sich Herausgeber und Verlag für die Zwischenzeit sehr über Ihr Feedback zum Jahrbuch freuen würden.

Viel Freude beim Lesen wünscht
Thorsten Becker
Vorsitzender Bundesverband der Berufsbetreuer/innen

EINLEITUNG

Das große Dilemma der Berufsbetreuung: Vergütungserhöhung verwehrt, Qualität eingefordert

Anne Heitmann

Die Zeitspanne, in der dieses Jahrbuch entstanden ist, spielt für die Einordnung der einzelnen Beiträge eine entscheidende Rolle. Sie beginnt im April 2017 mit der BdB-Jahrestagung und endet im Dezember 2017 mit der Produktion der letzten Texte. Dazwischen hat sich ein betreuungspolitischer Krimi abgespielt, dessen Ausgang immer noch offen ist. Die Berufsbetreuung dieser Tage befindet sich in einem ausgemachten Dilemma: Während die Politik die lange ausstehenden Anpassungen der Rahmenbedingungen, sprich mehr Zeit und mehr Geld, bislang verwehrt, entbrennt parallel eine Diskussion um die Qualität in der Betreuung – befördert durch eine Studie, die das Bundesministerium der Justiz und für Verbraucherschutz 2015 in Auftrag gegeben hatte. Im Laufe dieses Jahres wurde deutlich: Der Spagat zwischen wachsenden Qualitätsanforderungen und einer mangelnden Ausstattung wird nicht länger gelingen. Die berufliche Betreuung steht mit dem Rücken an der Wand, erste Vereine und Berufsbetreuer/innen geben ob wirtschaftlich unhaltbarer Zustände ihre Arbeit auf. Die Jahrbuchbeiträge geben Zeugnis davon, wie der BdB auf diese Herausforderung reagiert: Er kämpft politisch und setzt sich zukunftsorientiert mit relevanten fachlichen Fragen auseinander.

Noch nie waren die im BdB organisierten Berufsbetreuer/innen so dicht dran, für ihre langjährige politische Arbeit belohnt zu werden. Der Bundestag hatte mit den Stimmen aller Fraktionen – das waren 2017 CDU/CSU, SPD, Bündnis90/Die Grünen und Die Linke – ein Gesetz verabschiedet, das eine 15-prozentige Erhöhung der Vergütung für Berufsbetreuer/innen beinhaltete. Das kann und muss man als großen Erfolg für den BdB einordnen, der sich seit Jahren für diese Erhöhung starkgemacht hat – und weiterhin starkmachen wird. Denn der ganz große Erfolg hat sich dann doch nicht einstellen wollen: Im Bundesrat ist dieses Gesetz gescheitert bzw. es ist nicht auf die Tagesordnung gesetzt worden. Dies war spätestens Gewissheit, als auch die im November letzte Bundesratssitzung der aktuellen Legislaturperiode ohne Tagesordnungspunkt Vergütungserhöhung abgehalten wurde. Bereits im April zeichnete sich die Verweigerungshaltung einiger Bundesländer ab, sodass der BdB auf seiner Delegiertenversammlung im Rahmen der Jahrestagung in Radebeul (27.–29.04.2017) eine Resolution verabschiedete. Hierin heißt es: »Es ist seit Langem bekannt, dass Qualitätsansprüche und Vergütung auseinanderklaffen. Die materiellen Rahmenbedingungen lassen kaum noch eine persönliche und aktivierende Betreuung zu. Auf dem Spiel steht die Würde unserer Klient/innen, die auf eine zuverlässige Unterstützung bei der Ausübung ihrer rechtlichen Handlungsfähigkeit angewiesen sind.« Diese Argumentation in der Debatte um verbesserte Rahmenbedingungen war bekannt, doch sie schien angesichts der ablehnenden Haltung der Bundesländer in der Vergütungsfrage nun nicht mehr ausreichend. Der BdB wurde noch deutlicher, was die möglichen Folgen einer solchen Politik angeht. Unter dem Motto »Jetzt reicht's!« zog die BdB-Delegiertenversammlung in Radebeul mit dieser Resolution symbolisch die Reißleine. Die Bundesländer wurden eindringlich aufgefordert, Verantwortung zu übernehmen und durch den ersten wichtigen Schritt der Vergütungserhöhung das Überleben des Systems kurzfristig zu sichern. Denn, so das düstere Szenario: Die Betreuung steht mit dem Rücken an der Wand, der Begriff des »Flurschadens« macht die Runde.

Der BdB-Vorsitzende Thorsten Becker hat in seiner Eröffnungsrede auf eben dieser Jahrestagung sehr lebendig, ehrlich und eindrücklich beschrieben, wie sich die Arbeit des Verbandes dieser Tage gestaltet hat. Geradezu minutiös beschrieb er, wie sich die politischen Ereignisse überschlagen haben und welche Herausforderung sich daraus ergeben hat.

Bereits heute, nur einige Monate später, lesen sich seine Worte wie ein Zeitdokument. Die Situation ist längst eine andere, die Betreuungswelt hat sich bereits mehrmals gedreht. Heute liegen die Ergebnisse der BMJV-Studie zu »Qualität in der rechtlichen Betreuung« vor. Man muss nicht sämtliche 670 Seiten lesen, um die zentrale Botschaft des Abschlussberichts zur Studie zu erfassen: Es braucht im Zeitalter der UN-Behindertenrechtskonvention (UN-BRK) mehr Qualität im System, und für diese müssen ausreichend zeitliche und finanzielle Ressourcen bereitstehen.

Intensive Auseinandersetzung zur Qualität wird kommen

Was lange ansteht, wird jetzt also wirklich kommen: eine intensive Auseinandersetzung um die Qualität in der Betreuung. Den BdB stürzt das in ein Dilemma. Was nämlich längst hätte erledigt sein sollen – hätte die Politik Verantwortung übernommen –, bleibt weiterhin ganz oben auf der Agenda: der unermüdliche Kampf für eine angemessene Ausstattung der Betreuung, sprich mehr Zeit und mehr Geld. »Wir werden so lange kämpfen, bis wir die notwendigen Verbesserungen erzielen«, betont Thorsten Becker, der damit auch den BdB-Mitgliedern sein Wort gibt. Damit rückt das eigentlich wichtige Thema der Qualität auf Rang zwei – obschon der BdB-Vorstand dieses gern prioritär behandelt hätte. Schließlich ist es DAS Thema, das der BdB seit Langem bewegt. Der Bundesverband war der erste Player im Betreuungsbereich, der das Thema auf seine Agenda gesetzt hatte – und anfangs von vielen hierfür angefeindet wurde. Jetzt ist das Thema in Betreuungskreisen hoch angesehen und wird breit diskutiert werden. Im Kern wird es um Aspekte wie Zulassungskriterien zum Beruf gehen und um die Fragen, ob das bestehende Betreuungsrecht mit der UN-Behindertenrechtskonvention überein geht und was unter der oftmals zitierten Unterstützten Entscheidungsfindung ganz konkret zu verstehen ist. Hier geht es nicht mehr und nicht weniger um eine Neujustierung, ja vielleicht sogar Neudefinition des Berufsfeldes Betreuung.

Mit welcher Genauigkeit diese Diskussion zu führen sein wird, lassen die fachlich orientierten Artikel dieses Jahrbuches erahnen. So schreibt unser Autor Dr. Michael Wunder in seinem Beitrag »Professionalität im Spannungsfeld von Schutz- und Freiheitsrechten«: »Erst wenn die Beziehungsfragen von Respekt, Anerkennung, Ermutigung geklärt sind, wird die jeweils notwendige Abwägung von Freiheits- und Schutzrechten, von Selbstbestimmung und Fürsorge, in ihrer Ernsthaftigkeit möglich. Was heißt Selbstbestimmung, was heißt Fürsorge, die nicht paternalistisch übergriffig wird? Wann beginnt Zwang? Und unter welchen Bedingungen ist Zwang, wenn überhaupt, legitimierbar? Diese Abwägungen sind ebenso wie die Beziehungsgestaltung auf eine fachlich informierte und reflektierte Ausführung angewiesen, auf Methodenkompetenz, auf professionelles Können, das Kenntnisse, Empathie, Klarheit, Souveränität und letztlich auch Liebe zum Beruf umfasst.« Schon die in dieser Passage aufgeworfenen Fragen und Themen weisen auf eine intensive fachliche Auseinandersetzung in den kommenden Monaten und Jahren hin. Wer den Text von Dr. Michael Wunder liest, versteht, wie anspruchsvoll das Unternehmen Betreuung ist. »Betreuer/innen sind verantwortlich für den Prozess der Entscheidungsfindung« beschreibt der Diplom-Psychologe den Kern der Betreuungsaufgabe und führt aus: »Gesetzliche Betreuer/innen müssen nicht nur den jeweiligen Sachverhalt klären, sie müssen auch gelernt haben, die jeweiligen Signale und Ausdrucksweisen der Klient/innen genau zu verstehen, zu dechiffrieren. Sie müssen biografische und persönliche Kenntnisse des Klienten oder der Klientin haben, sie müssen die verschiedenen Alternativen, die den Klient/innen vielleicht nicht bewusst sind, in die Debatte mit ihnen einführen.« Sie müssten sich deshalb auch relativ schnell ein Bild machen, welche Form der Entscheidungsfindung in dem jeweiligen Prozess eine Rolle spielen muss. Dabei hierarchisiert er klar: An erster Stelle steht die selbstbestimmte Entscheidung des Klienten/der Klientin, gefolgt von der Unterstützten Entscheidungsfindung und der gemeinsamen oder geteilten Entscheidungsfindung. Ganz ans Ende der Skala, als Ultima Ratio, setzt Wunder die ersetzende Entscheidung. Warum diese hohen beruflichen Anforderungen bisher in keiner Weise standardisiert sind, verwundert den Autor.

Den Beruf Betreuung neu denken

Den Beruf Betreuung neu zu denken, fordert auch Ulrich Engelfried. Der Vorsitzende des BdB-Beirats für Qualitätsentwicklung und Betreuungsrichter in Hamburg betont: »Ich bin der Auffassung, dass sich Betreuungspraxis, aber auch die Praxis von Gerichten und des Gesundheitswesens, sich im Gesamtbild ändern müssen. Eine Änderung des Rechts ist für die Zukunft im Sinne einer menschenrechtlichen und menschengerechten Anpassung an die Entwicklung, die die UN-BRK eingeleitet hat, sorgsam zu prüfen.« In seinem Beitrag »Von ›besonderen Gewaltverhältnissen‹ zur Unterstützten Entscheidungsfindung« beschreibt er die lange Reise des Rechts, das sich entwickelt hat von Entmündigung und Vormundschaft zur selbstbestimmten Betreuung und weiter zur Assistenz und Unterstützten Entscheidungsfindung. »Gerade diese letzte Entwicklung bedeutet einen erheblichen Sprung nach vorn«, so Engelfried. Wie zuvor Wunder beklagt auch er: »Die Vorstellung einer parteiischen Interessenvertretung ist immer noch nicht vollständig in der Praxis angekommen. Noch häufig ist die paternalistische Haltung gegenüber kranken und behinderten Klientinnen und Klienten bei ›Profis‹ wie auch bei Angehörigen verbreitet.« Auch er setzt sich – aus rechtlicher Sicht – mit der Frage des stellvertretenden Handelns und der Unterstützten Entscheidungsfindung auseinander und zieht in seinem Beitrag die Klammer zwischen der erforderlichen Fachlichkeit und der Ausstattung von Betreuung: »Die Unterstützte Entscheidungsfindung ist logischerweise ein zeitaufwendiges Prinzip. Es führt also auch in diesem Zusammenhang kein Weg daran vorbei, dass eine vernünftige und angemessene Vergütung für die Betreuertätigkeit Voraussetzung für ein Handeln nach den Prinzipien der UN-BRK ist. Weiterhin bedarf es auch eines konkreten Berufsbildes, das mit einer entsprechenden Fachlichkeit, einem Berufsethos und einem Berufsbild einhergeht.«

Womit wir wieder mittendrin wären in dem beherrschenden Thema dieser Zeit: die hohen Anforderungen an den Beruf und die nicht angemessene Ausstattung.

Tiefes Eintauchen in andere Fachgebiete

Der Artikel von BdB-Vorstandsmitglied und Berufsbetreuerin Iris Peymann gibt Zeugnis davon, in welch fachliche Tiefen selbst anderer Professionen Berufsbetreuer/innen eintauchen müssen. So beschäftigt sich die Autorin in ihrem Beitrag »Nicht alles schlucken« mit den Wirkungen von Antipsychotika und bewegt sich damit im Fachgebiet der Psychiatrie. Warum es im Sinne der Klient/innen lohnend und nahezu unerlässlich ist, sich mit diesem Thema eingehend zu beschäftigen, wird in dem Moment klar, da sie den unmittelbaren Zusammenhang zur Betreuung herstellt: »Die persönlichen Möglichkeiten, die eigenen Angelegenheiten zu regeln und zu besorgen, nehmen durch die Behandlung möglicherweise ab. Es kann so zu einer weiteren, diesmal medikamenteninduzierten Störung in der internen Disposition kommen. Die interne Disposition, also die innere Veranlagung des Menschen, speist sich aus der Erkenntnis- und Urteilsfähigkeit, der Handlungs- und Steuerungskompetenz sowie der

Wahrnehmungs- und Austauschfähigkeit.[1] Diese Analysekriterien helfen bei der Feststellung des Besorgungs- und Unterstützungsbedarfs eines Menschen.«

Sie fordert: Vor dem Hintergrund der neuen beunruhigenden Forschungsergebnisse über die Auswirkungen der Neuroleptika müssten sich Betreuer/innen dringend mit der Frage nach Standards in der Gesundheitssorge, insbesondere mit Blick auf die medikamentöse Behandlung, befassen. In ihrem Artikel gibt Peymann ein Beispiel, wie diese Standards aussehen könnten – um im gleichen Atemzug zu betonen: »Nach der derzeitigen Vergütungsregelung im VBVG stehen im Durchschnitt pro Fall nur 3,3 Stunden im Monat an vergüteter Zeit zur Verfügung – eine regelhafte und verlässliche Umsetzung der Standards ist unter diesen Umständen nicht realisierbar.«

Vergütungsdiskussion als Dauerbrenner

Wie lange bereits die Auseinandersetzung um eine angemessene Vergütung währt, beleuchtet Peter Wintersstein (Vorsitzender des Betreuungsgerichtstages) in seinem Beitrag »Chronologie der Betreuungsvergütung«. Um es kurz zu machen: Die Diskussion um die Vergütung ist ein Dauerbrenner und so alt wie die Betreuung selbst. Zur heutigen Situation kommt er zu dem Schluss, dass die berufliche Einzelfallarbeit zu etwa 40 Prozent unterfinanziert ist. Hiervon leitet auch er dringende Reformen ab: »Die Arbeiten an einer grundlegenden Reform, nicht nur des Vergütungssystems, werden einige Jahre in Anspruch nehmen. Sie sind aber unerlässlich, um festgestellte Praxisdefizite zu beheben und ein zukunftsfähiges Betreuungswesen zu entwickeln, das den Bedürfnissen behinderter und kranker Menschen besser gerecht wird, als es im heutigen System gelingt.«

Mithin: Unsere Autor/innen schlussfolgern, dass die Anforderungen an Betreuung wachsen und die derzeitige Ausstattung nicht ausreicht, um dem adäquat zu begegnen. Das Interessante: Die Autor/innen kommen zu diesem Ergebnis, obwohl sie aus ganz unterschiedlichen Berufsfeldern wie Psychologie, Berufsbetreuung oder Justiz stammen und das Thema somit aus ganz unterschiedlichen Perspektiven betrachten. Das

---

1 Angela RODER: Die einen und die anderen Hilfen, Kompass 2/2014.

Phänomen an sich muss man demnach offenbar nicht mehr diskutieren, wohl aber den Umgang damit. Und da gehen die Meinungen nach wie vor auseinander. Der BdB hat in vielen Stellungnahmen Bezug hierzu genommen, und wir zeichnen die Argumentationslinien in diesem Jahrbuch noch einmal nach. Der Beitrag von Dirk Brakenhoff gibt einen gelungenen Überblick, wie und zu welchen Themen der Verband sich in 2017 geäußert hat. Diese Dokumentation zeigt die intensive Arbeit, die berufsständischen Interessen zu wahren, einzufordern und deutlich zu machen. Gleich sechs Stellungnahmen zu gänzlich unterschiedlichen Themen hat der BdB in diesem Jahr verfasst. Dem Fazit von Brakenhoff ist wenig hinzuzufügen:

»Das Jahr 2017 hat zahlreiche Veränderungen für die Betreuung mit sich gebracht. Einige davon müssen als Rückschritte betrachtet werden. Die stagnierend-schlechten materiellen Rahmenbedingungen sind sicherlich das schmerzlichste Beispiel. Auch gab es trotz des Qualitätsberichts bislang keinen wirklichen Fortschritt in der generellen Qualitätsdebatte.

Andere Entwicklungen wiederum machen Mut für positive Veränderungen. Der in diesem Zusammenhang wohl bedeutsamste Aspekt ist, dass vor allem der Qualitätsbericht den Zustand der Betreuungsstrukturen endlich auf eine empirisch beispiellose Weise anprangert und weitreichende Veränderungen einfordert. Der Bericht hat das Potenzial, grundsätzliche Veränderungen zu bewirken. Er bestätigt die Qualitätsdefizite im deutschen Betreuungswesen und stellt sie jetzt auf eine objektivierte, empirisch hoch repräsentative Grundlage als Basis weiterer Diskussion über eine Reform hin zu mehr Qualität und Professionalität. Entscheidungsträger/innen der Politik können sich nicht mehr hinter Scheinargumenten verstecken, sondern müssen sich – unter anderem mit dem Druck, den der BdB diesbezüglich macht und machen wird – den Problemlagen stellen.«

Anne Heitmann
Korrespondenzadresse: heitmann@ah-kommunikation.net

WISSENSCHAFTLICHE GRUNDLAGEN UND FACHLICHKEIT

Professionalität im Spannungsverhältnis von Schutz- und Freiheitsrechten

Michael Wunder

Die Unvollkommenen
von Erich Fried

Ich glaube nicht
an die Unvollkommenen
die glauben
dass sie das Unvollkommene
vollkommen machen können
für sich
und für die
deren Lehrer sie werden wollen.

Aber wenn ich dann andere
Unvollkommene sehe
die nicht glauben
dass man das Unvollkommene
vollkommen machen kann
und die dabei glauben
dass sie sich die Mühe
sparen können
es zu versuchen
dann beginne ich wieder zu glauben
an die Unvollkommenen
die glauben
dass sich die Mühe
immer noch
lohnen kann.

---

1 Erich FRIED, Die Unvollkommenen aus: Erich FRIED, Am Rand unserer Lebenszeit © 1987, 1996, 2000 Verlag Klaus Wagenbach, Berlin

Erich Fried warnt vor dem Glauben, dass wir vollkommen werden können, alles im Griff haben, alles richtig machen. Er lehnt aber auch diejenigen ab, die sich deshalb schon gar nicht mehr der Mühe unterziehen und entscheidet sich dann schließlich doch für diejenigen, die sich die Mühe machen, auch – so wäre meine Ergänzung – auf die Gefahr hin, unvollkommen zu sein und Fehler zu machen. Bei der Frage der Gewährleistung von Freiheitsrechten und Schutzrechten bei Menschen, die eine gesetzliche Betreuung haben, verhält es sich meiner Meinung nach auch so. Alles, was wir tun, kann nur ein Versuch sein, das jeweils Bestmögliche zu tun, was aber immer auch mit dem Risiko von Irrtum und Fehlerhaftigkeit verbunden ist.

Professionalität, also nicht nur berufsmäßig, sondern fachmännisch ausgeführte Tätigkeit in der gesetzlichen Betreuung, hat im Spannungsverhältnis von Schutz- und Freiheitsrechten mit folgenden Fragen zu tun: Wie stehe ich zu dem anderen Menschen, bei dem es um Schutz und Freiheit geht? Wie gehe ich mit diesem anderen um? Wie weit erkenne ich ihn prinzipiell als selbstbestimmungsfähiges Subjekt an, auch wenn seine Entscheidungen und Handlungen nicht immer sinnvoll oder wünschenswert erscheinen?

Erst wenn die Beziehungsfragen von Respekt, Anerkennung und Ermutigung geklärt sind, wird die jeweils notwendige Abwägung von Freiheits- und Schutzrechten, von Selbstbestimmung und Fürsorge in ihrer Ernsthaftigkeit möglich. Was heißt Selbstbestimmung, was heißt Fürsorge, die nicht paternalistisch übergriffig wird? Wann beginnt Zwang? Und unter welchen Bedingungen ist Zwang, wenn überhaupt, legitimierbar? Diese Abwägungen sind ebenso wie die Beziehungsgestaltung auf eine fachlich informierte und reflektierte Ausführung angewiesen, auf Methodenkompetenz, auf professionelles Können, das Kenntnisse, Empathie, Klarheit, Souveränität und letztlich auch Liebe zum Beruf umfasst.

Beziehungsgestaltung und Betreuung

Was geschieht, besser, was sollte geschehen in der Betreuung? Welche Beziehung sollte zwischen Betreuer/in und Klient/in bestehen? Was heißt Betreuung? Die Worterklärung und ebenso die gesetzliche Fassung des

Begriffs decken sich nicht mit dem heutigen Verständnis von Betreuung. Betreuen kommt aus dem Mittelhochdeutschen »betriowen« und heißt »schützen«. Im § 1901 BGB wird Betreuung als die »Besorgung der Angelegenheiten zum Wohle des Betreuten« gefasst. Aber weder Schützen noch ein Besorgen der Angelegenheiten entsprechen den heutigen Anforderungen an die Beziehungsgestaltung in einem gesetzlichen Betreuungsverhältnis.

Die Kritik am Wort »Betreuung« ist so alt wie das Gesetz. Bleiben wir aber bei diesem Wort, auch wenn dieses nicht abbildet, was heute unter gesetzlicher Betreuung verstanden und längst auch praktiziert wird. Schauen wir auf andere Quellen als die Wortherkunft. In der UN-Konvention zu den Rechten der Menschen mit Behinderung (UN-BRK)[2] findet sich dazu Wesentliches, insbesondere in Artikel 3. Dort wird der Mensch mit Behinderung als Träger von Rechten aufgefasst: das Recht auf Respekt vor seiner Würde und auf individuelle Autonomie, einschließlich der Freiheit, selbstbestimmte Entscheidungen zu treffen, das Recht auf Schutz vor Diskriminierung, auf volle und effektive Teilhabe und Inklusion in die Gesellschaft und auf Achtung vor der Differenz, also der Unterschiedlichkeit aller Menschen und Akzeptanz von Menschen mit Behinderung als ein Teil dieser Menschen.

Der Mensch mit Behinderung wird als Träger von Freiheitsrechten *(autonomy rights)* und als Träger von Schutzrechten *(care rights)* verstanden. Für die Beziehungsgestaltung heißt dies die Achtung des anderen, die Achtung seiner Freiheitsrechte, aber im Respekt vor seiner Person, auch die Anerkennung seiner Besonderheit, seiner Differenz zu anderen und seiner Schutzwürdigkeit. Freiheitsrechte, so die Botschaft, können für bestimmte Menschen, die schwach sind, krank sind, behindert sind oder sonst in irgendeiner Form eingeschränkt sind oder werden, erst dann wirksam werden, wenn ihnen zuvor die Hilfen und Unterstützungen im Rahmen der Schutzrechte zukommen, die sie brauchen. Volker Lipp, Joachim Steinbrück und Thorsten Becker haben dies im letzten »Kompass« (Fachzeitschrift des BdB, d. Red.) mit dem einfachen Satz zusammengefasst »Betreuung muss Freiheit und Schutz gewährleisten« und betont, dass es auf das UND ankommt.[3] Dem ist nichts hinzuzufügen.

---

[2] UN-Übereinkommen über die Rechte von Menschen mit Behinderungen, http://www.behindertenrechtskonvention.info/Uebereinkommen ueber die Rechte von Menschen mit Behinderungen (14.4.2017).
[3] »Betreuung muss Schutz und Freiheit gewährleisten«, Round Table Gespräch mit Volker Lipp, Joachim Steinbrück und Thorsten Becker, in: Kompass – Fachzeitschrift für Betreuungsmanagement, 1-2017, 20–23.

Die erforderliche Grundhaltung in einer professionellen Beziehung in der gesetzlichen Betreuung ist so gesehen die Sorge um den jeweils anderen, die zur Selbstbestimmung ermutigt und diese ermöglicht, kurz: die »selbstbestimmungsermöglichende Sorge«. Auf dieser Basis kann die jeweils individuelle Abwägung von Schutz und Freiheit und von Sorge und Selbstbestimmung realisiert werden. Die Voraussetzung für diese Abwägung ist die Kenntnis der jeweiligen Person, ihrer Wünsche, ihres Lebensentwurfes, ihrer Ansichten und Werte. Das Ziel ist, ihre Teilhabe und Inklusion in der Gesellschaft zu sichern. Hierzu sind einige Begriffsklärungen notwendig.

Der Begriff Sorge löst den älteren Begriff der Fürsorge ab, der historisch bedingt überwiegend paternalistisch besetzt ist (»Ich weiß, was für dich gut ist«). Bei aller Kritik an Anglizismen ist zur Ablösung des Wortes »Fürsorge« das Wort »Sorge« aber weniger gut geeignet als das Wort »Care«, da bei der »Sorge« konnotativ auch immer die sorgenvollen Stirnfalten und ein darin leicht einwebbarer Vorwurf gegenüber dem Objekt der Sorge mitschwingen. Das englische Wort Care ist dagegen dem deutschen Wort Sorge um ein Vielfaches überlegen, weil es die verschiedenen Aspekte umfasst, um die es hier geht: die mitmenschliche Zuwendung und Anteilnahme, die Ermutigung zur jeweils noch möglichen Selbstbestimmung, womit den Klienten und Klientinnen Sicherheit und Vertrauen zu sich selbst gegeben werden kann, die Anleitung zu jeweils noch möglichen Aktivitäten des täglichen Lebens und die Unterstützung und Versorgung bis hin zur Verantwortungsübernahme für den anderen, soweit dies jeweils erforderlich ist. Dieses Konzept von Care ist in der Care Ethik im englischen Sprachraum eingeführt, wenn auch durchaus kontrovers diskutiert.[4] Erst langsam wird es in die Pflegewissenschaften in Deutschland übernommen.

Die Grundhaltung des »Care-Giver« gegenüber dem »Care-Receiver« zeichnet sich durch die Erkenntnis aus, dass der oder die Gebende immer von dem oder der Nehmenden abhängig ist, also beide sich auf gleicher Augenhöhe begegnen und wechselseitig voneinander lernen. Die innere Haltung oder besser die Tugenden des Care-Givers sind:

---

4 Der Ausgangspunkt der Debatten um den Begriff der Care Ethik sind die moralpsychologischen Arbeiten Carol Gilligans. Die Reflexion der Bedingungen, die eine gerechte Gesellschaft braucht, um Sorge oder Fürsorge im Sinne von Care zu leisten und deren Verwirklichung im Beziehungsraum zu ermöglichen, steht dabei im Mittelpunkt. Kritische Einwände beziehen sich auf die Gegenüberstellung von Gerechtigkeit und Care, die Reproduktion klassischer Geschlechterstereotypen und die enge Verbindung von Gefühl und moralischem Handeln. Eine Zusammenfassung der kritischen Debatte findet sich bei JAGGER, Alison: Caring as a feminist practice of moral reason, in: HELD, Virginia (Hg.): Justice and Care: essential readings in feminist ethics, Boulder, CO 1995, S. 179–202.

- *attentiveness* – Aufmerksamkeit,
- *responsibility* – Verantwortlichkeit
- *competence* – Kompetenz und
- *responsiveness* – Empfänglichkeit (für die Signale des Gegenübers).[5]

Auch der andere Pol des Begriffspaars »Sorge und Selbstbestimmung«, die Selbstbestimmung, ist genauer zu hinterfragen, insbesondere weil sich heute fast jedes Konzept im Bereich der sozialen Arbeit darauf bezieht und sich leider immer wieder das Missverständnis einstellt, dass eine Handlung oder eine Entscheidung allein, weil sie selbstbestimmt ist, schon dadurch richtig oder angemessen ist.

Zu dem in der Philosophie und in der Ethik hoch besetzten und voraussetzungsvollen Begriff der Selbstbestimmung ist unendlich viel gesagt und publiziert worden. Für die Praxis der Betreuungsarbeit, ebenso wie in der Medizin und der Therapie, geht es deshalb auch um Einfachheit und Klarheit in dieser Debatte und letztlich um eine überprüfbare Kriteriologie. Um diesem Erfordernis nachzukommen, kann man vereinfacht sagen, dass man dann von einer selbstbestimmten Äußerung, Entscheidung oder Handlung sprechen kann, wenn die Kriterien der folgenden »philosophischen Trias« erfüllt sind:

- »anders können«, d.h. der Klient/die Klientin hat die Auswahl oder die Möglichkeit zwischen verschiedenen Alternativen;
- »Gründe haben«, d.h. der Klient/die Klientin hat einen Grund, sich für die eine oder andere Alternative zu entscheiden und
- der Klient/die Klientin muss das Bewusstsein der eigenen Urheberschaft haben, »Ich bin es, der entscheidet, nicht du, nicht meine Eltern oder meine Kinder oder irgendeine gesellschaftliche Kraft«.

Eine selbstbestimmte Äußerung, Entscheidung oder Handlung ist umso verantwortlicher, je umfassender die Folgenabschätzung einbezogen ist. Diese kann nicht nur im Nahbereich, der mich selbst betrifft, erfolgen (»Weil es mir dann besser geht«), sondern auch im mittleren Bereich (»Was bedeutet das für mein Umfeld, für die Angehörigen, Zugehörigen?«) und im Fernbereich der Gesellschaft, was die Anerkennung von Prinzipien, von Regeln, von Gesetzen umfasst. Das Einbeziehen der Folgen heißt hier nicht unbedingte Berücksichtigung, sondern Reflexion, also auch bewusste, begründete Nichtbeachtung.

---

[5] Vgl. u.a. TRONTO, Joan: Moral Boundaries. A Political Argument for an Ethic of Care, New York – London, Routledge, 1993.

Der hohe Anspruch, der sich hier abbildet und für viele Menschen, die eine gesetzliche Betreuung haben, auf den ersten Blick unerreichbar erscheint, wird relativiert, wenn man die jeweiligen Gegenstandsbereiche in den Blick nimmt, in denen eine Entscheidung zu treffen oder eine Handlung zu vollziehen ist, und wenn man bereit ist, auch von einer jeweils möglichen oder noch möglichen Teil-Selbstbestimmung auszugehen. Es ist ein Unterschied, ob ein Klient sich zwischen zwei Menüs entscheidet, wobei er seine Gründe hat, sich für das eine oder andere zu entscheiden und auch die Folgen, nämlich die des höheren Genusses, dabei abschätzt. Oder ob er sich für die Verausgabung seiner Mittel für bestimmte Zwecke entscheiden will, die aber für die Erfüllung seiner bereits eingegangenen Verpflichtungen nicht ausreichen. Oder für einen bestimmten Ort, an dem er leben will oder nicht leben will. Die Voraussetzungen sind psychologisch in all diesen doch sehr unterschiedlichen Entscheidungsbereichen gleich, der Klient muss wesentliche Aspekte verstehen, eine Bewertung im Lichte seiner eigenen Vorlieben, Gewohnheiten, Werte vornehmen und seine Entscheidung anderen gegenüber kundtun. Durch die Unterschiedlichkeit der Situationen bestehen aber höchst unterschiedliche Schwierigkeitsgrade, wesentliche Aspekte der Situation und der unterschiedlichen Realisierungsmöglichkeiten zu verstehen.

Die Entscheidungsfindung in verschiedenen Situationen, die zentrale Aufgabe der gesetzlichen Betreuung, bewegt sich deshalb beständig zwischen der Assistenz, der unterstützten Entscheidungsfindung (UEF), und der Ersetzung dieser Entscheidung. Die verschiedenen Stufen der Entscheidungsfindung lassen sich folgendermaßen beschreiben:

- An erster Stelle steht die selbstbestimmte Entscheidung *(self determinated decision)*, die durch den Betreuer oder die Betreuerin abzusichern ist, deren Ausführung aber, wenn andere Gründe (zum Beispiel Selbstschädigung) dagegensprechen, zu verhindern ist.
- Es folgt der Bereich der Unterstützten Entscheidungsfindung *(assisted decision making)*, bei der der Betreuer oder die Betreuerin *(facilitator)* auf der Grundlage der persönlichen Kenntnis des Klienten/der Klientin für die Herbeiführung einer Entscheidung sorgt, indem er die richtigen Fragen stellt, dafür eine auf den Klienten/die Klientin abgestimmte verständliche Sprache wählt und sie auch bei anfänglichen Schwierigkeiten oder Abwehren ermutigt, die Entscheidung selbst zu treffen.
- Unterhalb dieser Ebene gibt es die Möglichkeit der gemeinsamen oder geteilten Entscheidungsfindung *(shared decision making)*; dabei werden

das in der Situation Angemessene und die individuellen Präferenzen des Klienten in einer »Verhandlung« zusammengeführt und zu einer gemeinsam verantworteten Entscheidung gebracht. Zugegebenermaßen ist dies ein schwieriger Prozess, in dem auch die Ansichten des Betreuers oder der Betreuerin eine große Rolle spielen und dieser immer nah an der Manipulationsmöglichkeit ist. Ein Mittel dagegen ist, dass sich die Betreuerin oder der Betreuer aufgefordert fühlt, stets die verschiedenen Gesichtspunkte und Sichtweisen einzubringen oder in Erinnerung zu bringen. Ein solcher *Shared-decision-making*-Prozess ist besonders geeignet, wenn das Wissensgefälle zwischen Klient/in und Betreuer/in besonders groß ist und die Machtposition der Betreuer/innen nicht hinter einem pseudounterstützten Entscheidungsprozess verschleiert werden soll.

- Erst als letzte Möglichkeit, als Ultima Ratio, gilt die ersetzende Entscheidung *(substituted decision making)*, die reine Fremdverantwortung des Betreuers oder der Betreuerin, die aber stets auf der Grundlage der zumindest angenommenen Werte, Vorlieben und Vorstellungen des Klienten oder der Klientin getroffen wird. Es ist also eine fremdverantwortete Entscheidung, aber keine Fremdentscheidung, weil sie immer noch dem vermuteten persönlichen Willen des Klienten, seinem Wohl und seinem Lebensentwurf zu entsprechen hat.

Betreuung ist ein somit hoch anspruchsvolles Unternehmen, das Fachwissen ebenso wie kommunikative Kompetenz und Erfahrung erfordert. Gesetzliche Betreuer/innen müssen nicht nur den jeweiligen Sachverhalt klären, um den es geht, sie müssen auch gelernt haben, die jeweiligen Signale und Ausdrucksweisen der Klienten und Klientinnen genau zu verstehen, zu dechiffrieren. Sie müssen biografische und persönliche Kenntnisse des Klienten oder der Klientin haben, sie müssen die verschiedenen Alternativen, die den Klienten und Klientinnen vielleicht nicht bewusst sind, in die Debatte mit ihnen einführen. Sie sind verantwortlich für den Prozess der Entscheidungsfindung. Sie müssen sich deshalb auch relativ schnell ein Bild machen, ob es sich um eine Entscheidungsassistenz handelt, um eine gemeinsam getragene Entscheidung oder ob sie die Entscheidung ersetzen müssen durch empathische Einfühlung in das, was der Klient oder die Klientin wohl selbst wollte, wenn sie entscheiden könnte. Die ersetzende Fremdentscheidung ist im Alltag und im Allgemeinverständnis für Menschen mit Betreuung die nächstliegende – und auch das, was Angehörige meist erwarten. Aber gleichzeitig ist sie das, was am allerwenigsten zu wünschen ist und auch am wenigsten mit dem Betreuungsgesetz intendiert ist. Von daher muss der Betreuer oder die Betreuerin nicht nur sensibel und kompetent, sondern auch klar und standfest in seiner oder ihrer Mission sein. Die so naheliegende ersetzende Entscheidung ist immer nur die allerletzte Möglichkeit. Es verwundert deshalb sehr, dass diese hohen beruflichen Anforderungen bisher in keiner Weise standardisiert sind.

Betreuung im Spannungsverhältnis von Freiheit und Zwang

Der Kernpunkt des Konflikts, in dem Betreuung häufig steht, ist die Grenzziehung von Freiheit und Schutz, genauer von Anerkennung der Willensfreiheit und Beschränkung derselben, insbesondere durch Zwang.
Was wird unter Zwang verstanden? Ganz allgemein eine Maßnahme gegen den Willen einer Person, unabhängig davon, ob diese als geschäftsfähig gilt oder nicht. Aber schon an dieser Definition gibt es Zweifel. Was ist mit Maßnahmen ohne den Willen einer Person, also gerade bei Personen mit geistiger Behinderung, die ihren Willen vielleicht erst zu einem späteren Zeitpunkt bilden, etwa angesichts des anschaulichen Erlebens einer Situation oder den Folgen einer vorausgegangenen Fremdentscheidung? Sind auch dies Zwangsmaßnahmen? In der früheren Auseinandersetzung um das Betreuungsgesetz spielte hier vor allen Dingen die herbeigeredete Einwilligung oder die Fremdentscheidung zu einer Sterilisation bei Willenlosigkeit eine große Rolle.[6]
Was sind die häufigsten Formen von Zwang? Zunächst die Unterbringung, die Isolierung, die Fixierung und die Zwangsmedikation. Dann aber auch die vielen unter der Schwelle des Gesetzes liegenden weicheren Formen von Zwang: der indirekte Zwang durch Strukturen (ein Herausgehen an die frische Luft ist wegen der Gebäudeanlage unmöglich), durch fehlende Assistenz und psychosoziale Betreuung (keine Begleiter/innen oder kein Behindertentaxi) oder auch durch herbeigeredete Einwilligungen, durch eine für besonders schwache Patient/innen oder Klient/

---

6 http://www.ak-ns-euthanasie.de/wp-content/uploads/2014/02/Appell_zum_Sterilisationsgesetz.pdf (15.4.2017).

innen nicht durchschaubare Manipulation durch das Personal oder die Betreuer/innen. Wo ist in all diesen Fällen die Grenze zwischen Freiheit und Schutz? Muss der gesetzliche Betreuer oder die gesetzliche Betreuerin den Klienten/die Klientin nicht vor bestimmten Umgebungsbedingungen, vor bestimmten Institutionen schützen? Wie soll dies gehen, wenn es keine Alternativen gibt?

Die gängige ethische Begründung für Zwangsmaßnahmen (insbesondere im Falle der Selbstgefährdung) ist, dass psychische Erkrankungen und Behinderungen zum Verlust der Fähigkeit führen können, freie und verantwortliche Entscheidungen zu treffen. Der Freiheitsverlust der Person steht bei dieser Begründung im Vordergrund. Eine Zwangsmaßnahme in dieser Situation wird als Fürsorge ausgelegt, um diese Person mit dem so verstandenen Freiheitsverlust wieder zur Freiheit zu befähigen. Anders ausgedrückt: Nicht ein Freier wird seiner Freiheit beraubt, sondern ein Unfreier davor bewahrt, anderen oder sich selbst Schaden zuzufügen. Das Ziel der Maßnahme ist in dieser Logik die Wiedergewinnung der abhandengekommenen Freiheit. Diese Art der Argumentation ist trotz ihrer Eingängigkeit hoch umstritten.

Zunächst muss man sich verdeutlichen, was ganz generell gegen Zwangsmaßnahmen spricht. Zwangsmaßnahmen, unabhängig davon, wie sie begründet werden, haben eine geringe therapeutische Wirksamkeit, was auch die häufige Wiederholung bei derselben Person erklärt. Sie haben ein hohes Schädigungs- und Traumatisierungsrisiko. Es gibt kaum Klient/innen, die nicht zumindest belastende Erinnerungen an erlittene Zwangsmaßnahmen haben. Und jede Zwangsmaßnahme ist natürlich ein Eingriff in die Grundrechte des Individuums, der einer besonderen und überprüfbaren Begründung bedarf. Auf der anderen Seite gilt, dass der vollständige Verzicht auf jegliche Zwangsmaßnahme ebenfalls zu einer Grundrechtsverletzung führen kann. Man denke nur an Menschen in der Psychose, die tatsächlich gegen ihren erkennbaren natürlichen Willen vor sich selbst geschützt werden müssen, also zwangsweise von einer Handlung abgehalten werden müssen oder auch behandelt werden müssen.

Gerade auch vor dem Hintergrund der oben ausgeführten gängigen ethischen Legitimation für Zwangsmaßnamen ist noch einmal ein Blick in die UN-Konvention zu den Rechten der Menschen mit Behinderung sinnvoll. Im Artikel 12 Absatz 2 der UN-BRK wird jedem Menschen, unabhängig ob behindert oder nicht behindert, die *legal capacity* zugesprochen, also die Rechts- und Handlungsfähigkeit, in der er in allen Lebensbereichen gleichberechtigt mit allen anderen Menschen ist. Er behält diese Rechts- und Handlungsfähigkeit auch in einer psychischen Krise oder unter den Bedingungen einer kognitiven Einschränkung. Im Artikel 14 der UN-BRK heißt es unter der Überschrift *liberty and security of the person*, die Vertragsstaaten gewährleisten, dass Menschen mit Behinderung gleichberechtigt mit anderen die Freiheit nicht rechtswidrig oder willkürlich entzogen wird, dass jede Freiheitsentziehung im Einklang mit dem Gesetz erfolgt und dass das Vorliegen einer Behinderung in keinem Fall eine Freiheitsentziehung rechtfertigt. Diese Aussagen bedeuten, dass es zwar unter bestimmten Bedingungen Freiheitsentziehungen und andere Zwangsmaßnahmen geben darf, diese aber auf gesetzlicher Grundlage erfolgen müssen, also rechtskonform sein müssen und nicht willkürlich sein dürfen. Der wichtigste Satz für die Debatte ist aber der, dass das Vorliegen einer Behinderung selbst nicht die Freiheitsentziehung rechtfertigen kann.

Diese Formulierung fordert, das kausale Denken im Behindertenrecht zu überwinden und alle Maßnahmen nur noch final zu begründen. Jemand erhält eine Assistenz oder auch eine Einschränkung seiner Freiheit nicht mehr, weil er behindert ist, sondern weil er es braucht oder sein Verhalten schädigend ist. Zwangs- oder zwangsnahe Maßnahmen müssen der UN-Konvention zufolge final mit dem tatsächlichen oder real absehbaren Verhalten und seinen anders nicht zu verhindernden, schädigenden Konsequenzen begründet werden, statt kausal mit der Erkrankung oder Behinderung selbst.[7]

Für die Felder der Zwangsunterbringung und der Zwangsbehandlung lassen sich die Konsequenzen aus der UN-BRK klar umreißen. Eine Zwangsunterbringung nach § 1906 Abs. 1 BGB ist dann im Einklang mit der UN-Konvention, sofern sie nach Prüfung aller möglichen, weicheren Alternativen ausschließlich final mit der tatsächlichen oder real zu erwartenden Selbstgefährdung begründet ist, also nicht mit der Behinderung oder Erkrankung. Praktisch heißt das, Begründungen wie

---

7 Zum Grundsatz »Finalprinzip statt Kausalprinzip« sei aber angemerkt, dass sich dieser zumindest im deutschen Recht nicht durchhalten lässt. Ein Beispiel hierfür ist die Debatte um Suizid und freien Willen. Suizidhandlungen, die frei verantwortlich sind, d. h. ohne fremde Beeinflussung, ohne psychische Beeinträchtigung und für Dritte nachvollziehbar, schränken in der Rechtsprechung und auch im Common Sense die nachträgliche Rettungspflicht der Personen in Garantenstellung und die Hilfeverpflichtung anderer Personen ein. Bei Personen aber, die unter dem krankhaften Einfluss einer Depression eine Suizidhandlung begangen haben, sind Garanten und andere Personen in jedem Fall zur Lebensrettung und zur Hilfe verpflichtet. Im Falle der Suizidprophylaxe bzw. Lebensrettungsverpflichtung kommt es also nicht auf die finalen Folgen der Handlung an, sondern auf die jeweiligen kausalen Motive und Hintergründe des Willens der Person.

die Selbstgefährdung oder auch der Verlust der Eigensorge, die anders nicht abgewendet werden können, sind mit der UN-Konvention vereinbar, sie dürfen allerdings nicht infolge mangelnder Aufsicht oder Zuwendung eintreten oder eintreten können und dann mit Zwangsunterbringungen verhindert werden, da hier der zwangsvermeidende Weg der besseren Assistenzgestaltung und Zuwendung auf jeden Fall Vorrang hat. Gründe wie ausgeprägter Rückzug, Verfolgungszustände oder die Gefahr der Chronifizierung, also eher medizinische Gründe im engeren Sinne, sind dagegen mit der Konvention nicht vereinbar. Hier würde der Kernpunkt der Begründung in der Behinderung oder Erkrankung selbst liegen. Missachtet würde hier auch, dass in diesem Zusammenhang mildere Maßnahmen als die der Zwangsunterbringung wirksam werden können.

Die Konsequenzen für die Zwangsbehandlung nach § 1906 Abs. 3 BGB sind im Wesentlichen in der Neufassung vom 26.02.2013 berücksichtigt. Hiernach kann der Betreuer oder die Betreuerin in eine Zwangsbehandlung nur einwilligen, wenn

- der Klient oder die Klientin keinen rechtsgeschäftlichen Willen hat, also nur den natürlichen Willen hat, krankheitsbedingt die Notwendigkeit der Behandlung nicht erfasst und sich nicht entsprechend verhalten kann;
- ein ernst gemeinter Versuch unternommen wurde, den Patienten/die Patientin zu überzeugen, die Medikamente freiwillig zu nehmen;
- die Zwangsbehandlung notwendig ist, um drohende erhebliche Gesundheitsgefahren abzuwenden und keine anderen dem Klienten/der Klientin zumutbare Maßnahmen möglich sind und
- der zu erwartende Nutzen die zu erwartenden Beeinträchtigungen deutlich überwiegt.

Die Hürden sind erkennbar hoch, insbesondere auch in Bezug auf den ernst gemeinten Versuch der Überzeugung des Klienten/der Klientin, Freiwilligkeit zu erreichen, und die Abwägung des zu erwartenden Nutzen gegen die zu erwartende Beeinträchtigung.

Es gibt aber auch zu dieser mittlerweile überwiegend konsentierten Position zur Zwangsbehandlung eine deutliche Gegenposition in der Diskussion. Diese lautet, dass Menschen nur freiwillig behandelt werden dürfen, weil nur dann eine Behandlung tatsächlich wirksam ist und Menschen, die eine Behandlung verweigern, auch wenn der Grund dafür in einer Beeinflussung durch die psychische Beeinträchtigung liegt, nicht zwangsweise behandelt werden dürfen.

Die beste Empfehlung in dieser Situation ist, jenseits der Möglichkeiten des neu gefassten § 1906 Abs. 3 BGB auf der Basis eines verlässlichen Kommunikationsverhältnisses zwischen Klient/in und Betreuer/in Vorabverfügungen, Krisenpässe oder psychiatrische Testamente zu verfassen. In diesen werden die jeweiligen Behandlungsformen formuliert, die für den Klienten oder die Klientin zulässig oder nicht zulässig sind, wenn es zu Krisen kommt. Eine Konsequenz solcher Vereinbarungen ist, dass Behandlungsformen, die in einem solchen Verfügungsdokument ausgeschlossen werden, tatsächlich auch später nicht angewendet werden dürfen. Für psychoseerfahrene Menschen, die sich heute in der Öffentlichkeit äußern und mittlerweile als Gesprächspartner/innen für die Psychiatrie voll anerkannt sind, ist diese Position sehr wichtig. Sie ist ein großer Fortschritt in Hinsicht auf den Abbau von Zwangsmaßnahmen.

Professionelle Wege aus dem Dilemma

Zwangsmaßnahmen müssen verhindert oder zumindest reduziert werden. Wir brauchen Programme zur Gewaltprophylaxe, Dokumentationssysteme wie beispielsweise Redufix, Fortbildungen zu Deeskalationsstrategien für alle Beschäftigten in der Altenhilfe, in psychiatrischen Diensten und in der Behindertenhilfe. Meine Empfehlungen sind:

1. Seien Sie ehrlich und argumentieren Sie einfühlsam, aber klar. Jede Zwangsmaßnahme, auch jede verdeckte Zwangsmaßnahme, ist Repression im Erleben des Klienten oder der Klientin, auch wenn die Absicht des Betreuers oder der Betreuerin der Schutz ist. Sätze wie »Es ist das Beste für Sie« oder »Es gehört in unser Heilungskonzept« mindern das Schädigungsrisiko nicht. Begründen Sie Zwangsmaßnahmen, wenn sie unumgänglich sind, sachlich, wenn auch bedauernd, mit dem Schutz vor Schädigung, der Ihrer Meinung anders nicht zu gewährleisten ist.
2. Prävention und Commitment: Zwangsmaßnahmen können durch rechtzeitige Kommunikation über mögliche Krisen und deren Bewältigung reduziert werden. Insbesondere können in Vorabverfügungen, psychiatrischen Testamenten oder Krisenpässen mögliche Szenarien

und dann gewünschte Behandlungen oder Nichtbehandlungen, auch natürlich solche gegen den dann geäußerten natürlichen Willen, festgelegt werden.
3. Menschenwürde und Selbstbestimmungsanspruch können auch innerhalb von Zwangsmaßnahmen, wie z. B. Unterbringungsmaßnahmen, praktiziert werden. Betreuer/innen sind dazu aufgefordert, gerade auch für diese Humanisierung der Zwangsmaßnahmen selbst einzustehen, wie beispielsweise strenge zeitliche Limitierungen, freiheitsübende Maßnahmen innerhalb der Zwangsunterbringung so früh wie möglich, Handlungsfreiheit für die Entscheider/innen vor Ort bei regelmäßiger gerichtlicher Kontrolle.

Schlussbemerkung

Wir können das Spannungsverhältnis von Schutz- und Freiheitsrechten nicht vollkommen auflösen. Alle, auch bestgemeinte und bestorganisierte Abwägungen können zu falschen Ergebnissen führen und bleiben unvollkommen. Aber – mit Erich Fried formuliert – stets lohnt die Mühe, das Unvollkommene zu verbessern.

Hinweis: Dieser Artikel basiert auf einem Vortrag im Rahmen der Eröffnungsveranstaltung der BdB-Jahrestagung »Ohne Wenn und Aber: professionelle Betreuung anerkennen« am 27.04.2017 in Radebeul.

Dr. phil. Michael Wunder
Korrespondenzadresse: m.wunder@alsterdorf.de

Von »besonderen Gewaltverhältnissen« zur Unterstützten Entscheidungsfindung – unter besonderer Berücksichtigung der Zwangsbehandlung

Ulrich Engelfried

Das »neue« Betreuungsrecht ist mittlerweile schon 25 Jahre alt. Es ist und bleibt ein wichtiger Meilenstein auf dem Weg zur Selbstbestimmung von Menschen mit Behinderungen und psychischen Erkrankungen. Nach so langer Zeit stellt sich die Frage: Ist die Praxis oder sogar das Recht zu ändern? Die UN-Behindertenrechtskonvention hat Maßstäbe gesetzt, die jedenfalls in der Praxis, möglicherweise auch in der Rechtssetzung, Änderungen erfordern. Neben einem Abriss der Entwicklung zu dem Thema des Artikels wird im Folgenden die Frage der Zwangsbehandlung eine erhebliche Rolle spielen – im Lichte der UN-BRK ein besonders schwieriges Thema. Die Frage nach Möglichkeiten und Grenzen des Betreuerhandelns in diesem Kontext wird ebenfalls angesprochen.

Die lange Reise in Richtung Erwachsenenschutz

Die Entwicklung des Rechts lässt sich folgendermaßen beschreiben: von Entmündigung und Vormundschaft zur selbstbestimmten Betreuung und weiter zur Assistenz und Unterstützten Entscheidungsfindung. Oder von der rechtlichen Vertretung zum Erwachsenenschutz. Gerade diese letzte Entwicklung bedeutet einen erheblichen Sprung nach vorn. Entmündigung und Vormundschaft hatten ganz klar die Aufgabe, den

»Rechtsverkehr« zu schützen und festzulegen, wie die Belange der kranken und behinderten Menschen nach den gesellschaftlichen Bedürfnissen schlicht zu regeln sind. Das bedeutete nach überkommenem Verständnis gleichzeitig einen gewissen Schutz für die Menschen, um die es ging. Das Betreuungsrecht hat dies aufgebrochen, aber noch nicht überwunden. Erst in den letzten Jahren ist in der öffentlichen Diskussion zunehmend vom Erwachsenenschutz die Rede. War nun die alte Vormundschaft gar ein »besonderes Gewaltverhältnis«?

Besondere Gewaltverhältnisse im eigentlichen Sinne betrafen Strafgefangene, Schüler/innen, Beamt/innen und Soldat/innen etc. Diese konnten sich nach früherer Rechtsauffassung in diesen »Sonderrechtsverhältnissen« dem Staat gegenüber nicht auf ihre Grundrechte berufen. Dieser Ansatz ist inzwischen verfassungsrechtlich überholt. Der Jurist oder die Juristin würde die Vormundschaft alter Prägung mithin nicht im eigentlichen Sinn als besonderes Gewaltverhältnis bezeichnen. Schon deswegen nicht, weil die Vormundschaft ein zivilrechtliches Rechtsinstitut darstellte und die besonderen Gewaltverhältnisse im eigentlichen Sinn öffentlich-rechtlicher Natur waren. Dennoch ist die analoge Verwendung des Begriffs legitim. Gab es doch sowohl in den besonderen Gewaltverhältnissen als auch im Rahmen der Vormundschaft so etwas wie einen rechtsfreien, zumindest rechtlich limitierten und grundrechtsreduzierten Raum. Grundrechtsschutz gegenüber dem Vormund war kein Thema. Das Mündel – so hieß es damals – war seiner Rechtsfähigkeit ganz oder überwiegend beraubt, hatte nichts zu »melden« und der Vormund hatte rechtlich und tatsächlich das Sagen – eben der Vor-Mund. Die Vormundschaft war (wie heute ja auch noch) am rechtlichen Gefüge des Eltern-Kind-Verhältnisses ausgerichtet. Dieses wurde bis 1980 zudem noch als »Elterliche Gewalt« bezeichnet und von Hierarchiedenken bestimmt. Zwang war in dieser Zeit in keiner Weise problematisiert.

Immerhin wurde die Frage einer geschlossenen Unterbringung zum Gegenstand der richterlichen Entscheidung überlassen. Ein Gebot des Artikels 104 des Grundgesetzes. Über zwangsweise Behandlung gab es keine inhaltliche Diskussion bis zum Beginn des Betreuungsrechts.

Altes Denken in den Köpfen

Auch nachdem das Betreuungsrecht 1992 in Kraft getreten war, hat sich in den Köpfen nicht immer und überall und vor allen Dingen konsequent das Denken verändert. So wurde oftmals (und wird heute noch) erwartet, dass ein Betreuer oder eine Betreuerin den Menschen, für den er/sie bestellt ist, »zur Vernunft bringt«, aufpasst, dass er/sie »keinen Unsinn macht«. Bei dieser Haltung erscheint Zwang nicht als etwas Problematisches, sondern geradezu immanent.
Das ist jedoch nicht Aufgabe der Betreuung, schon gar nicht als Selbstzweck. Betreuung hat keine gesellschaftliche Ordnungsfunktion. Statt fürsorglicher Bevormundung hat nun parteiische Interessenvertretung zu gelten, für viele immer noch geradezu unvorstellbar. Die Vorstellung einer parteiischen Interessenvertretung ist immer noch nicht vollständig in der Praxis angekommen. Noch häufig ist die paternalistische Haltung gegenüber kranken und behinderten Klientinnen und Klienten bei »Profis« wie auch bei Angehörigen verbreitet.
Gleichzeitig haben natürlich diejenigen, deren Schicksal Berufsbetreuerinnen und -betreuern, aber auch Ehrenamtlichen anvertraut ist, Anspruch auf Schutz. Dieser Schutz geht eben nicht immer ohne Einschränkung, nicht immer ohne Zwang. Das bringt eine Gratwanderung hervor, wie wir im Folgenden immer wieder sehen werden, und schon eröffnet sich der Zugang zur notwendigen Qualitätsdebatte. Selbstredend bedeutet Gratwanderung nicht »alles zu mir, dann kann nichts schiefgehen«, es bedeutet aber auch nicht, alles »einfach nur laufen« zu lassen und ein bisschen zu verwalten. Beharrliches Nachfragen, Optionen vermitteln, divergierende Ziele in den Wünschen spiegeln – darin liegt die Kunst, die Entscheidungsfindung kompetent zu unterstützen.
In jedem Falle, d. h. unabhängig davon, wie man sich die Zukunft des Betreuungsrechts und der Betreuungspraxis vorstellt, muss nach wie vor ein Vollzugsdefizit im Betreuungsrecht festgestellt werden. § 1901 BGB macht klare Vorgaben, hinter die es kein Zurück geben kann; man muss sich nur daran halten. Der in dieser Norm enthaltene Vorrang des Wunsches der betroffenen Menschen und die damit verbundene Definitionsmacht, »was für ihn/sie gut ist«, bildet eines der Grundfeste des Betreuungsrechts und des Betreuungsverhältnisses.

Die Vorgaben der UN-Behindertenrechtskonvention

Die UN-Behindertenrechtskonvention (UN-BRK) hat nun in jedem Fall neue Maßstäbe gesetzt. Insbesondere gilt dies für den Artikel 12 der Konvention:

» (1) Die Vertragsstaaten bekräftigen, dass Menschen mit Behinderungen das Recht haben, überall als Rechtssubjekt anerkannt zu werden.
(2) Die Vertragsstaaten anerkennen, dass Menschen mit Behinderungen in allen Lebensbereichen gleichberechtigt mit anderen Rechts- und Handlungsfähigkeit genießen.
(3) Die Vertragsstaaten treffen geeignete Maßnahmen, um Menschen mit Behinderungen Zugang zu der Unterstützung zu verschaffen, die sie bei der Ausübung ihrer Rechts- und Handlungsfähigkeit gegebenenfalls benötigen.
(4) Die Vertragsstaaten stellen sicher, dass zu allen die Ausübung der Rechts- und Handlungsfähigkeit betreffenden Maßnahmen im Einklang mit den internationalen Menschenrechtsnormen geeignete und wirksame Sicherungen vorgesehen werden, um Missbräuche zu verhindern. Diese Sicherungen müssen gewährleisten, dass bei den Maßnahmen betreffend die Ausübung der Rechts- und Handlungsfähigkeit die Rechte, der Wille und die Präferenzen der betreffenden Person geachtet werden, es nicht zu Interessenkonflikten und missbräuchlicher Einflussnahme kommt, dass die Maßnahmen verhältnismäßig und auf die Umstände der Person zugeschnitten sind, dass sie von möglichst kurzer Dauer sind und dass sie einer regelmäßigen Überprüfung durch eine zuständige, unabhängige und unparteiische Behörde oder gerichtliche Stelle unterliegen. Die Sicherungen müssen im Hinblick auf das Ausmaß, in dem diese Maßnahmen die Rechte und Interessen der Person berühren, verhältnismäßig sein.
(5) (...) «

Seit März 2009 ist die UN-BRK geltendes Recht in der Bundesrepublik Deutschland und hat Gesetzeskraft. Am 17. April 2015 veröffentlichte der zuständige UN-Fachausschuss das Ergebnis des ihm obliegenden Prüfungsverfahrens zur Umsetzung der UN-BRK in Deutschland, u. a. mit einer deutlichen Kritik am deutschen Betreuungssystem: »Der Ausschuss ist besorgt über die Unvereinbarkeit des im deutschen Bürgerlichen

Gesetzbuch (BGB) festgelegten und geregelten Instruments der rechtlichen Betreuung mit dem Übereinkommen.« Die rechtliche Betreuung sei vertretungsorientiert und müsse in ein System der unterstützten Entscheidungsfindung überführt werden; hierfür wären professionelle Qualitätsstandards zu entwickeln.[1]

Die veränderten rechtlichen Rahmenbedingungen spiegeln durchaus – wenn auch vielfach nur bescheidene – gesellschaftliche Veränderungen wider. Sehr augenfällig ist die Veränderung, soweit es um junge behinderte Menschen geht. Wer wie ich als Betreuungsrichter »der ersten Stunde« noch Menschen kennengelernt hat, deren Betreuungsakte mit einem Hakenkreuzstempel beginnt, kommt nicht umhin, zur heutigen Realität hin eine große Veränderung wahrzunehmen. Denen, die abwinken, weil doch die NS-Zeit so gar nicht vergleichbar ist mit der Jetzt-Zeit, sei gesagt, dass das für uns als »Bundesrepublikaner« Beschämende die Praxis der 1950er- und 60er-Jahre ist: Schon die menschenverachtende Sprache ist verräterisch (»Schwachsinn ...«). Die Betreuung erfolgte »anstaltsmäßig«, die Menschen wurden autoritär verwaltet. Für viele Eltern war daher die Devise »solange ich lebe, bin ich für mein Kind da«. Und so wurde aufopferungsvoll, nicht selten bis an den Rand der völligen Erschöpfung – und in bester Absicht, aber doch oft fürsorglich bevormundend – das »Kind« zu Hause betreut und wenn die Elterngeneration starb, kam es trotzdem in die »Anstalt«.

Heute wird die Realität bestimmt von Eltern, die um ein sanftes Übergehen in eine besondere und angemessen unterstützte Form der Eigenständigkeit bemüht sind. Aus der Anstalt wurden Wohngruppen, die auch inmitten der Gesellschaft im doppelten Sinn des Wortes angesiedelt sind. Starke Probleme (insbesondere bei Finanzierung, Sparpolitik und manchmal unsachgemäßer Form von »Ambulantisierung«) will ich damit nicht kleinreden, aber es zeigt sich: Veränderungen sind möglich.

Auch im Bereich der Pflege dementer Menschen hat sich vielerorts die Erkenntnis durchgesetzt, dass man sie »lassen und nehmen muss wie sie sind«, sie nicht ruhigstellen und »pflegeleicht machen« darf. Pflege ohne Zwang gehört heute zum Standard, wie nicht zuletzt das Projekt des »Werdenfelser Weg«[2] uns gelehrt hat (soweit das viele von uns nicht ohnehin schon wussten). Körpernahe Fixierungen und Bettgitter sind heute auf dem Rückzug, und das ist gut so.

---

[1] Abschließende Bemerkungen über den ersten Staatenbericht Deutschlands, Abs. 25–26.
[2] http://werdenfelser-weg-original.de/ (Stand: 23.11.2017)

Wesentlich schwieriger sieht es aus bei den im engeren Sinne psychisch erkrankten Menschen. Von der Aufbruchstimmung der Psychiatriereform der 1970er-Jahre ist wenig geblieben, Drehtürpsychiatrie feiert wieder vermehrt unfrohe Urständ. Das paternalistische Denken nicht nur, aber gerade in der Ärzteschaft, ist nach wie vor sehr ausgeprägt. Differenziert denkende Ärztinnen und Ärzte sowie Pflegerinnen und Pfleger, von denen es erfreulich viele gibt, werden oft von den »Erfordernissen der Ökonomisierung« infolge weitgehender Privatisierung des Gesundheitswesens und tatsächlich oder vermeintlichen Sparzwängen gezwungen, sich »mainstreamkonform« zu verhalten. Der allgemeine Trend in der Gesellschaft zu autoritärer Regression und der Verlust von Toleranz wirken sich hier ebenfalls besonders stark aus. Noch ausgeprägter sind diese paternalistischen Denkweisen allerdings in anderen Bereichen außerhalb der Psychiatrie, wo menschenverachtende Begrifflichkeiten wie »heimpflichtig« oder »unterbringungspflichtig« noch immer an der Tagesordnung und Ausdruck einer bestimmten Denkweise sind.

Nicht unerwähnt darf bleiben, dass auch die Rechtspraxis keinen Anlass hat, sich auf vermeintlichen Lorbeeren auszuruhen. Vielfach werden republikweit Unterbringungen einfach »durchgewinkt«.

Düster sind mitunter die Realitäten bei Langzeitunterbringungen. Da dominiert das Verwahrungselement: Pseudopädagogische Bestrafungsrituale sollen das Verhalten der Klientinnen und Klienten regulieren. Zum Glück gibt es aber auch in diesem Bereich positive Veränderungen – so etwa das Beispiel der Soteria-Bewegung oder der Klinik Heidenheim, geleitet von Dr. Martin Zinkler –, die Kontrapunkte gegen Zwang in der Psychiatrie setzen.[3]

Es bleibt festzuhalten, dass bei Unterbringung und Zwangsbehandlung der Zwang am meisten ausgeprägt ist. Hier hat Betreuung nichts mehr von Assistenz und Unterstützung. Hier wird man also genau überlegen müssen, soweit es nicht schon geschehen ist, inwieweit ein Wertungswiderspruch zur UN-BRK besteht. Aus der Sicht des Gesundheitswesens und seiner Helfermaxime lässt sich sogar aussagen: Der Behandlungszwang führt notfalls zur Zwangsbehandlung. Für Ärzte und Ärztinnen ist es verständlicherweise schwer auszuhalten, wenn sich ein Mensch gegen eine für ihn notwendige Therapie/Behandlung entscheidet. Aber Betreuerinnen und Betreuer und die Betreuungsgerichte müssen immer

---

[3] Siehe ENGELFRIED, Unterbringungsrecht in der Praxis, Bundesanzeiger-Verlag 2016, S. 65 f.

wieder davon ausgehen, dass ein Mensch das Recht hat, unvernünftig zu sein. Allerdings ist die Skepsis, die das Institut für Menschenrechte zum Ausdruck bringt, absolut nachvollziehbar:

» Mit Blick auf die Psychiatrie war Deutschland in der Vergangenheit von Menschenrechtsgremien der Vereinten Nationen scharfer Kritik ausgesetzt. Die Unterbringung gegen den Willen, die Isolierung und Fixierung, die zwangsweise Gabe von Medizin sowie die Sedierung (Ruhigstellung) gelten auf bundes- und landesgesetzlicher Ebene im Sinne einer gesetzlichen Ausnahme unter bestimmten Bedingungen immer noch als rechtlich zulässig. Zwar wurden infolge von höchstrichterlichen Entscheidungen seit 2011 die verfassungsrechtlichen Anforderungen für die gesetzlichen Regelungen höhergesteckt. In der Rechtswirklichkeit sind derartige Methoden aber nicht die seltene Ausnahme, sondern weitverbreitete Praxis in Deutschland. Seit 2016 fördert die Bundesregierung ein größeres Forschungsprojekt zur Vermeidung von Zwangsmaßnahmen. Eine grundsätzliche Überprüfung des Systems der Psychiatrie aus menschenrechtlicher Sicht und insbesondere eine Ausrichtung hin zu einer Psychiatrie ohne Zwang sind indes nicht zu erkennen. «[4]

Kann nun aber betreuerische Arbeit ohne vertretendes Handeln und ohne Zwang auskommen? Muss sie das vielleicht sogar? Hier muss noch einen Schritt zurückgegangen werden mit der Frage, ob stellvertretendes Handeln überhaupt zulässig ist.

Aus juristischer Sicht hat das stellvertretende Handeln einen anderen Stellenwert als aus der Sicht der UN-BRK mit den Augen der Sozialen Arbeit. Das führt aber nicht zu inhaltlichen Widersprüchen, man muss es nur in der politischen und gesellschaftlichen Diskussion ebenso beachten wie in der konkreten Arbeit. Wichtig sind dabei die Begriffspaare formell/materiell und Innen- und Außenverhältnis. Das rechtliche Können nach außen ist vom rechtlichen Dürfen im Innenverhältnis zu unterscheiden.

Wenn § 1902 BGB postuliert: »*In seinem Aufgabenkreis vertritt der Betreuer den Betreuten gerichtlich und außergerichtlich*«, so ist damit die rechtliche Stellvertretung im Rechtsverkehr »nach außen« im Sinne von § 164 BGB gemeint, d.h. die Befugnis, den Klienten oder die Klientin wirksam zu vertreten, rechtlich wirksame und bindende Erklärungen für

---

[4] http://www.institut-fuer-menschenrechte.de/fileadmin/user_upload/Publikationen/Weitere_Publikationen/DIMR_Bericht_fuer_UPR_2018.pdf (Stand: 29.11.2017)

ihn oder sie abzugeben. Im Sinne des Betreuungsrechts, der UN-BRK und des Prinzips der Unterstützten Entscheidungsfindung ist es völlig unproblematisch, wenn ein Betreuer oder eine Betreuerin das Mietverhältnis über die Wohnung des Klienten oder der Klientin kündigt, wenn zuvor Einigkeit mit ihm/ihr erzielt worden ist. Dann erfüllt der Betreuer/die Betreuerin damit letztlich nur den »Auftrag«. Das ist nicht nur unproblematisch, sondern zum Schutz der Klientinnen und Klienten zwingend erforderlich.

§ 1902 BGB kann aber insofern keine Legitimation für ein Brechen des Willens des betroffenen Menschen darstellen, genauso wenig wie im Falle der rechtsgeschäftlichen Vollmacht der § 164 BGB berechtigt, den Willen der vertretenen Person zu missachten. So notwendig die in § 1902 BGB niedergelegte »Rechtsmacht« auch ist, eine Änderung des Wortlauts, etwa dergestalt, dass Betreuer/innen das Recht (oder vielleicht besser: die Befugnis?) haben, die Klient/innen gerichtlich und außergerichtlich zu vertreten, erscheint jedenfalls unbedenklich und klarstellend. Das entspricht dem Vorschlag des BdB.

Hier wird nun ein Defizit von Betreuungsrecht und Betreuungspraxis deutlich. Die Konturen, was im Innenverhältnis zwischen rechtlich Betreuenden und deren Klienten und Klientinnen gilt, bleiben unscharf. Die gesetzlichen Vorgaben reichen hier nicht aus, es sind weitere inhaltliche Vorgaben notwendig.

Der BdB hat in seinem Positionspapier zur UN-Staatenprüfung 2015[5] Stellung genommen und seine Überzeugung formuliert, dass auch das Betreuungsrecht Unterstützte Entscheidungsfindung beinhaltet.[6]

Danach besteht keine generelle Unvereinbarkeit zwischen Betreuungsrecht – das war das Ergebnis einer emanzipatorischen Gegenbewegung zur vormundschaftlichen Entrechtung – und den Vorgaben der UN-BRK. Die Betreuungspraxis und ihre Rahmenbedingungen (zu denen auch die gesetzlichen Grundlagen zählten) wiesen jedoch erhebliche Mängel auf, die nur durch substanzielle Veränderungen beseitigt werden können.

---

[5] In der das deutsche Betreuungsrecht sehr stark kritisiert wurde.
[6] Positonspapier des BdB Juni 2015. https://bdb-ev.de/69_Konzepte_und_Positionen.php (Stand: 29.11.2017)

Die Einführung der rechtlichen Betreuung 1992

Die Initiator/innen der rechtlichen Betreuung wollten die verwaltende und entrechtende Vormundschaft durch eine persönliche und rehabilitative Hilfe zur Vermeidung von Fremdbestimmung ablösen.
Der BdB verweist mit Recht auf Konzepte und Methoden für eine unabhängige Betreuungspraxis, die Menschen mit intellektuellen und psychosozialen Beeinträchtigungen bei der Realisierung einer selbstbestimmten Lebensführung in einer zunehmend komplexen und bürokratisierten Lebenswelt unterstützt.
Der BdB betont im Hinblick auf die Unterstützungsleistungen qualifizierter Betreuer/innen und die emanzipatorischen Elemente des deutschen Betreuungsrechts, nämlich die Betonung einer persönlichen Unterstützung, ausgerichtet auf den subjektiven Lebensentwurf der Person. Deshalb widerspricht der BdB einer einseitigen Darstellung von Betreuung als Instrument ersetzender Entscheidungsfindung mit einem Zitat von Wolf Crefeld: »Betreuung ist keine modernisierte Vormundschaft«. Diese Einschätzung teile ich. Wird die gelebte Praxis dem aber gerecht? Daran bestehen zumindest erhebliche Zweifel. Die Unterstützte Entscheidungsfindung ist logischerweise ein zeitaufwendiges Prinzip. Es führt also auch in diesem Zusammenhang kein Weg daran vorbei, dass eine vernünftige und angemessene Vergütung für die Betreuertätigkeit Voraussetzung für ein Handeln nach den Prinzipien der UN-BRK ist.
Weiterhin bedarf es auch eines konkreten Berufsbildes, das mit einer entsprechenden Fachlichkeit, einem Berufsethos und einer fachlichen Methode einhergeht. Geht man davon aus, dass »jeder und jede« auch »irgendwie« Betreuungen führen kann, so ist nicht zu erwarten, dass die Palette zwischen Paternalismus und Bequemlichkeit sich auf fachlich angemessenes Vorgehen verengt.

Das Problem der Zwangsbehandlung

Wie kann nun die Möglichkeit der Zwangsbehandlung den Prinzipien der UN-BRK noch gerecht werden? Viele, insbesondere Betroffenenverbände, vertreten die Auffassung, das sei gar nicht möglich. Auf der anderen Seite des Spektrums wird die Zwangsbehandlung doch nur als eine Hilfe, um den jeweiligen Patientinnen und Patienten aus einer gesundheitlichen Gefahrenlage herauszuhelfen, gesehen. Um sich in dieser Frage positionieren zu können, ist es notwendig, sich einmal die Entwicklung der rechtlichen Beurteilung der Zwangsbehandlung anzusehen.

Noch bis in die Anfänge des Betreuungsrechts hinein ist die Zwangsbehandlung »kein Thema« gewesen. Im weiteren Verlauf war streitig, ob die Zwangsbehandlung eine notwendige Folge der Unterbringung zur Heilbehandlung nach § 1906 Abs. 1 Nr. 2 sei. Der Bundesgerichtshof hat das mit Beschluss vom 1.2.2006[7] bejaht. Dabei hat der BGH aber genaue Vorgaben zu Inhalt, Gegenstand und Ausmaß der von Klient/innen zu duldenden Behandlung verlangt. Mit Beschluss vom 22.9.2010[8] hat der BGH einschränkend festgelegt, dass die Genehmigung nur dann zulässig sei, wenn die Zwangsmedikation erforderlich und angemessen ist.

Hier wurde in der Rechtsprechung des Bundesgerichtshofs und einiger Oberlandesgerichte deutlich gemacht, dass die Zwangsbehandlung einen erheblichen Grundrechtseingriff bedeutet. Eine Notwendigkeit einer besonderen Rechtsgrundlage wurde nicht gesehen.

Diese Rechtsprechung änderte sich erst mit zwei Entscheidungen des Bundesverfassungsgerichts, nämlich vom 23.3.2011[9] und vom 12.10.2011[10], die zur Zwangsbehandlung im Maßregelvollzug bzw. bei öffentlich-rechtlicher Freiheitsentziehung ergangen waren und in der das BVerfG festgelegt hatte, dass es für eine Zwangsbehandlung einer gesonderten gesetzlichen Grundlage bedürfe.

Der Bundesgerichtshof hat diese Rechtsprechung mit seinen Beschlüssen vom 20.6.2012[11] auf das Betreuungsrecht bezogen und seine alte Rechtsprechung aufgegeben mit dem Ergebnis, dass eine Zwangsbehandlung nach dem damals geltenden Recht mangels gesetzlicher Grundlage unzulässig war. Damit gab es eine Zeit ohne Zwangsbehandlung. Ob dies wirklich so war, wird natürlich in der Diskussion nicht selten angezweifelt. Zwang ist ja nicht erst dann gegeben, wenn unmittelbar »Hand angelegt« und körperlicher Zwang ausgeübt wird, sondern schon dann, wenn eine gewisse Zwangswirkung bei dem zu behandelnden Menschen entsteht. Auch das Ausüben verbalen »Drucks« ist Zwang.

---

7 Az. XII ZB 236/05, Bt Prax 2006, 125.
8 Az XII ZB 135/10, BtPrax 2011, 112.
9 2 BVR 882/09, BtPrax 2011, 112.
10 2 BVR 633/11, BtPrax 2011, 253.
11 XII ZB 99/12 und 130/12, s. BtPrax 2012, 156.

Von »besonderen Gewaltverhältnissen« zur Unterstützten Entscheidungsfindung

Hört man dann aus Behandlerkreisen die Devise »Alles, was oral genommen wird, ist freiwillig«, lässt sich schon ohne wissenschaftliche Erhebung erahnen, wie groß die Diskrepanzen in der Einschätzung des Begriffs Zwang in der Praxis sind. Bekanntlich gab es dann eine gesetzliche Regelung im Jahre 2013 durch den Abs. 3a des § 1906 BGB, der in diesem Jahr dann durch den § 1906a BGB abgelöst wurde.

Der neue § 1906a BGB ist eine Folge der Entscheidung des BVerfG vom 6. Juli 2016 (1 BvL 8/15) zur Zwangsbehandlung bei »offener« Krankenhausunterbringung.

> (1) Widerspricht eine Untersuchung des Gesundheitszustands, eine Heilbehandlung oder ein ärztlicher Eingriff dem natürlichen Willen des Betreuten (ärztliche Zwangsmaßnahme), so kann der Betreuer in die ärztliche Zwangsmaßnahme nur einwilligen, wenn
> 1. die ärztliche Zwangsmaßnahme zum Wohl des Betreuten notwendig ist, um einen drohenden erheblichen gesundheitlichen Schaden abzuwenden,
> 2. der Betreute auf Grund einer psychischen Krankheit oder einer geistigen oder seelischen Behinderung die Notwendigkeit der ärztlichen Maßnahme nicht erkennen oder nicht nach dieser Einsicht handeln kann,
> 3. die ärztliche Zwangsmaßnahme dem nach § 1901a zu beachtenden Willen des Betreuten entspricht,
> 4. zuvor ernsthaft, mit dem nötigen Zeitaufwand und ohne Ausübung unzulässigen Drucks versucht wurde, den Betreuten von der Notwendigkeit der ärztlichen Maßnahme zu überzeugen,
> 5. der drohende erhebliche gesundheitliche Schaden durch keine andere den Betreuten weniger belastende Maßnahme abgewendet werden kann,
> 6. der zu erwartende Nutzen der ärztlichen Zwangsmaßnahme die zu erwartenden Beeinträchtigungen deutlich überwiegt und
> 7. die ärztliche Zwangsmaßnahme im Rahmen eines stationären Aufenthalts in einem Krankenhaus, in dem die gebotene medizinische Versorgung des Betreuten einschließlich einer erforderlichen Nachbehandlung sichergestellt ist, durchgeführt wird.
> § 1846 ist nur anwendbar, wenn der Betreuer an der Erfüllung seiner Pflichten verhindert ist.
> (2) Die Einwilligung in die ärztliche Zwangsmaßnahme bedarf der Genehmigung des Betreuungsgerichts.

(3) Der Betreuer hat die Einwilligung in die ärztliche Zwangsmaßnahme zu widerrufen, wenn ihre Voraussetzungen weggefallen sind. Er hat den Widerruf dem Betreuungsgericht unverzüglich anzuzeigen.
(4) Kommt eine ärztliche Zwangsmaßnahme in Betracht, so gilt für die Verbringung des Betreuten gegen seinen natürlichen Willen zu einem stationären Aufenthalt in ein Krankenhaus § 1906 Absatz 1 Nummer 2, Absatz 2 und 3 Satz 1 entsprechend.
(5) Die Einwilligung eines Bevollmächtigten in eine ärztliche Zwangsmaßnahme und die Einwilligung in eine Maßnahme nach Absatz 4 setzen voraus, dass die Vollmacht schriftlich erteilt ist und die Einwilligung in diese Maßnahmen ausdrücklich umfasst. Im Übrigen gelten die Absätze 1 bis 3 entsprechend. «

Inhaltlich ergibt sich im Ergebnis keine Änderung, sollte man meinen. Andererseits könnte er insofern zu einer Veränderung führen, als das BVerfG die Zwangsbehandlung im »offenen« Bereich zugelassen hat, für den Fall dass der Patient/die Patientin nur deswegen nicht geschlossen untergebracht ist, weil er oder sie immobil ist.

Dem Wortlaut nach ist aber § 1906a zwar formal ein Unterbringungsverfahren, setzt aber nicht grundsätzlich mehr eine Unterbringungssituation im eigentlichen Sinne voraus. Eine Entkoppelung von freiheitsentziehender Unterbringung und Zwangsbehandlung war im Gesetzgebungsverfahren ausdrücklich gewollt.[12] Ob dies in der Praxis zur Ausweitung führt, wird sich zeigen. Die Bezugnahme im Gesetz auf das Selbstbestimmungsrecht der Klient/innen ist eher plakativ und nicht inhaltsschwer. Entgegenstehende Willensäußerungen in einer Patientenverfügung waren auch bisher zu beachten.

Warum Gerichte immer wieder bemüht werden, ist einfach zu benennen: Wie sich aus der Rechtsprechung von Bundesverfassungsgericht und Bundesgerichtshof ergibt, ist die Zwangsbehandlung wegen der Eingriffe in die Menschenwürde Artikel 1 und der körperlichen Unversehrtheit und des allgemeinen Persönlichkeitsrechts in Artikel 2 GG grundrechtsrelevant.

Nach Auffassung von Bundesgerichtshof und Bundesverfassungsgericht kann aber ein Unterbleiben von Zwangsbehandlung auch gegen Schutzpflichten des Staates verstoßen. Damit ist rechtlich klar, dass nach

---

12 Siehe Referentenwentwurf des BMJV zum Gesetz zur Änderung der materiellen Zulässigkeitsvoraussetzungen von ärztlichen Zwangsmaßnahmen und zur Stärkung des Selbstbestimmungsrechts von Betreuten.

höchstrichterlicher Auffassung ein Richtervorbehalt besteht. Da kann es auch kein Zurück geben.

Warum nun war der Blick auf das Thema Zwangsbehandlung so sehr von der juristischen Ebene dominiert? Man mag einwenden, dass das Gerichtsverfahren nicht der richtige Ort sei, um es zu entscheiden. Dem steht zum einen entgegen, dass sehr viel außerhalb insbesondere vor einer Einschaltung der Gerichte geschehen kann. Darüber hinaus haben sich auch die Aufgaben von Gerichten geändert: vom bloßen Entscheidungsgremium zum »Forum«, in das alle Beteiligten ihre Sicht der Dinge einbringen.

Die Regelung in einem gerichtlichen Verfahren ist aufgrund der hohen Grundrechtsrelevanz notwendig. Es wird jedoch darauf ankommen, ob die Möglichkeiten des Verfahrens genutzt und dem Geist der verfassungsrechtlichen Vorgaben Rechnung getragen wird. Es ist keineswegs nur Rabulistik oder Spitzfindigkeit, wenn die Anwendung von Zwang damit gerechtfertigt wird, dass dem Klienten oder der Klientin ein menschenwürdiges Leben nach seinen/ihren Vorstellungen ermöglicht wird. Klar ist aber auch: Die vom Institut für Menschenrechte aufgeworfene Frage, ob Zwangsbehandlungen zu- oder abnehmen, bestimmt sich nicht allein durch den Verlauf des gerichtlichen Verfahrens.

Ergo: Was brauchen wir?

Wir brauchen einen öffentlichen, gesellschaftlichen Diskurs über das Zusammenleben mit kranken und behinderten Menschen. Die Haltung zu Zwangsbehandlungen ist vorherbestimmt von der Haltung gegenüber Menschen, die »anders«, »schwierig« und »anstrengend« sind. Gelassenheit, Toleranz, Liberalität ist etwas, das in vielen Segmenten der Gesellschaft gedeiht, aber auch vielfach in unserer Gesellschaft gerade mit Füßen getreten wird. Gibt es die Offenheit gegenüber psychisch kranken und geistig behinderten Menschen wirklich? Gibt es nicht andererseits eine Tendenz, abweichendes und unerwünschtes Verhalten zu pathologisieren? In dem Zusammenhang müssen wir uns auch von unseren jeweiligen »Lieblingsbeispiel-Kranken«, die so passend für die eigene Argumentation sind, verabschieden. Es gibt sie alle: die, die bewusst mit ihrer Krankheit leben oder die, denen sie Angst macht, die überfordert sind oder sie bekämpfen wollen. Und sie alle haben ein Recht darauf, gemäß ihrer Haltung zu leben!

Wir brauchen eine Klärung von Begriffen wie »natürlicher Wille«, »freier Wille«, »krankheitsbedingte Einschränkung des Willens« und »krankheitsuneinsichtig«. Diese Punkte bilden nach wie vor ein Dunkelfeld. Es gibt sicherlich objektive Parameter. Wer gesund sein will, aber die Heilung aus Angst vor Strahlen oder Außerirdischen ablehnt, hat sicher krankheitsbedingt ein Problem, im Sinne seiner eigenen Interessen zu entscheiden. Wer aber aus Angst vor Nebenwirkungen, Risiken etc. eine Behandlung ablehnt, handelt bestenfalls irrational, aber kann das nicht auch »Gesunden« passieren? Warum wird derjenige, der sich gegen eine medizinisch gebotene Krebsbehandlung entscheidet (zu Recht!) in Ruhe gelassen, während der psychisch Kranke bei Behandlungsverweigerung immer gleich mit der Frage einer Behandlung gegen seinen Willen konfrontiert wird? Wann bestimmt die Krankheit mein Handeln? Wann meine Primärpersönlichkeit? In dem Zusammenhang muss genauso der Begriff von der »Freiheit zur Krankheit« diskutiert werden. Entscheiden sich Menschen explizit »für« ihre Krankheit? Eher nicht. Also, was meinen wir damit? Geraten wir nicht in den Sog des neoliberalen Zynismus, wenn wir denken »Lass sie nur in Ruhe machen?« – und »frei« in die gesellschaftliche Isolation oder das soziale Abseits gehen?

Wir brauchen eine Debatte darüber, was in diesem Zusammenhang »Gleichheit« bedeutet. Jurist/innen lernen im Studium, dass Gleiches gleich, Ungleiches aber auch ungleich behandelt werden müsse. Ein Satz nicht ohne Banalität. Ist es aber immer angemessen, kranke und behinderte Menschen »gleich« zu behandeln? Ist es wirklich menschenwürdig, wenn Menschen mit einer psychischen Erkrankung wie Störer im polizeirechtlichen Sinn behandelt werden, ohne Möglichkeit einer psychiatrischen Behandlung?

Wir brauchen medizinisch-ethische Regularien für Zwangsbehandlungen. Ebenso eine wissenschaftliche Begleitforschung für Medizin, Pflege, Recht, Soziale Arbeit und Betreuungspraxis.

Wir brauchen Qualität in der Betreuungsarbeit. Überall dort, wo Betreuerinnen und Betreuer sich bemühen, mit den Klientinnen und Klienten zu erarbeiten, was im Fall der Exacerbation (Verschlechterung) der Erkrankung, was im Fall der Eigengefährdung stattfinden soll, kann am Ende Zwang vermieden oder aber zumindest minimiert und letztlich sogar akzeptiert werden.

It's Communication, stupid!

Wichtig ist die Fähigkeit und Bereitschaft zu Kommunikation. Das mag banal klingen, ist aber bei Weitem nicht so selbstverständlich. In der Wochenzeitung »Die Zeit« (Beilage »doctor«, November 2017) wurde dargelegt, wie sehr die Kommunikationsfähigkeit von Ärztinnen und Ärzten im Argen liegt. Es gibt bei Mediziner/innen und Jurist/innen immer noch zu viele Vertreter/innen der Expertokratie, die zwar fachlich versiert, aber völlig unfähig sind, angemessen zu kommunizieren. Auch Richterinnen und Richtern ist es nicht immer gegeben, sich klar, verständlich und respektvoll zu verständigen. Betreuer und Betreuerinnen aus dem Bereich der Sozialen Arbeit sollten es eigentlich können. Allerdings werden nach meinem Eindruck aus der täglichen Praxis auch hier nicht immer die Standards für gute Kommunikation erreicht. Eine empathische, verständliche und zielgerichtete Kommunikation ist für sich schon in der Lage, Zwangsmaßnahmen als auch Zwangsbehandlungen zu verhindern. Konfrontatives »Friss oder stirb«-Vorgehen produziert Abwehrhaltungen.

Die Vorgaben des Gesetzes bekommen hier dann einen Sinn, wenn sie als ein lebendiger Prozess im doppelten Sinne des Wortes verstanden und gelebt und nicht einfach nur als Pro-forma-Punkte, die es »abzuhaken« gilt, verstanden werden. Alle beteiligten Berufe und Funktionen müssen sich darüber im Klaren sein, dass es hier um ein ethisches Problem geht – und darüber hinaus um einen Menschen mit seinen Rechten, aber auch seiner Biografie, seinen Sorgen, Nöten, Ängsten und Potenzialen. Haben wir dafür genügend Zeit? Wollen wir uns dem wirklich stellen?

Wir brauchen: im Ergebnis weniger Zwang!

Ich bin der Auffassung: Die Betreuungspraxis, aber auch die Praxis von Gerichten und des Gesundheitswesens, müssen sich im Gesamtbild ändern. Eine Änderung des Betreuungsrechts ist für die Zukunft im Sinne einer menschenrechtlichen und menschengerechten Anpassung an die Entwicklung, die die UN-BRK eingeleitet hat, sorgsam zu prüfen. Zum Beispiel wäre dann zu diskutieren, inwieweit Zwang nicht restriktiver vorgesehen werden muss und das Prinzip der Unterstützten Entscheidungsfindung explizit in die Rechtsvorschriften aufgenommen werden sollte.

Ulrich Engelfried
Korrespondenzadresse: ulrich.engelfried@ag.justiz.hamburg.de

Das »Wohl« im Betreuungsrecht und die UN-Behindertenrechtskonvention

Uwe Harm

Der Wohlbegriff im Gesetz und in der Rechtsprechung

Der Wohlbegriff im Betreuungsgesetz stammt aus dem Kindschaftsrecht und wurde mit einem erweiterten Inhalt versehen. Eine Gleichsetzung ist von vornherein nicht möglich, weil es im Betreuungsrecht um erwachsene Menschen geht, für die rechtliche Betreuer/innen keinen Erziehungsauftrag erhalten können. In § 1901 Abs. 2 BGB finden wir folgende ergänzende Formulierung:

» Zum Wohl des Betreuten gehört auch die Möglichkeit, im Rahmen seiner Fähigkeiten sein Leben nach seinen eigenen Wünschen und Vorstellungen zu gestalten. «

Damit wird deutlich, dass sich im Betreuungsrecht ein Spannungsverhältnis zwischen dem objektiven und einem neuen subjektiv verstandenem Wohl befindet. Dieser Satz in Absatz 2 scheint im Geiste der Reformgedanken 1992 einen Vorrang des subjektiv verstandenen Wohls zu beschreiben.[1] Die Rechtsprechung hat sich allerdings anfangs damit noch schwergetan und die Grenzen des Wohls auch in dem Anhalten des Betreuers oder der Betreuerin gesehen, den Klient/innen durch »Überzeugung« auch die Pflichten als soziale Wesen deutlich zu machen.[2]

Die BGH-Entscheidung vom 17.3.2003 (XII ZB 2/03) führt in den Gründen schließlich den vom Gesetzgeber gewollten Vorrang des subjektiv verstandenen Wohls wie folgt aus:

---

[1] BT-Druck 11/4528, S. 67.
[2] BVerfG BtPrax 1998, 144, 145.

> Das Wohl des Betreuten ist dabei nicht nur objektiv, sondern – im Grundsatz sogar vorrangig (Münch/Komm/Schwab § 1901 Rdn. 14) – subjektiv zu verstehen (…).

Soweit aus § 1901 Absatz 2 Satz 2 BGB der Vorrang der Selbstbestimmung – jedenfalls in der Rechtsprechung (nicht unbedingt in der Praxis) – immer deutlicher wurde, blieb die Diskussion um die Grenzen des Wohls weiter bestehen, zumal im § 1901 Abs. 3 BGB, also nur einen Absatz weiter, dieser Konflikt zwischen Wünschen und Wohl wie folgt geregelt wurde:

> Der Betreuer hat Wünschen des Betreuten zu entsprechen, soweit dies dessen Wohl nicht zuwiderläuft und dem Betreuer zuzumuten ist.

Wieder ist vom »Wohl« die Rede und nun sind sich alle einig, dass hier das objektive Wohl gemeint ist. Wenn Wünsche in ihrer Umsetzung z. B. die Lebensgrundlage gefährden oder erhebliche gesundheitliche Schäden nach sich ziehen würden, liefe das dem objektiven Wohl zuwider. Eine weitere Grenze ist die Zumutbarkeit für Betreuer/innen, die sich dann verweigern dürfen. Gemeint sind z. B. illegale oder sittenwidrige Wünsche.

Die Praxis

Die Praxis neigt allerdings bis heute dazu, den Wohlbegriff eher objektiv zu sehen, teils zur eigenen Absicherung, z. B. in Vermögensangelegenheiten, teils immer noch aus eigener Lebensanschauung. Rechtliche Betreuer/innen aus der Familie stellen oft eine »Familiensicht« voran, die nicht selten in purer Bevormundung gipfelt. In Vermögens- und Wohnungsangelegenheiten stehen Haftungsängste oft entgegen, und auch die Betreuungsgerichte sind hier leider häufig mutlos. Der Wohlbegriff ist für die Praxis in der notwendig differenzierten Betrachtung nicht als Maßstab geeignet.

Zwischenergebnis

Das Wohl des Betreuten in § 1901 Abs. 2 BGB ist vorrangig subjektiv zu verstehen, behält aber durchaus auch eine objektive Komponente, vor allem dann, wenn Lebensverhältnisse von der Betreuerin oder dem Betreuer zu regeln sind, zu denen weder Wunsch und Wille noch ein mutmaßlicher Wille erkennbar sind. Das Wohl der Klientin oder des Klienten als »Schranke« bei selbstschädigenden Wünschen ist dagegen objektiv zu verstehen, wobei im Einzelfall noch die Vertretbarkeit unvernünftiger Wünsche abzuwägen bleibt. Die Praxis hat mit dem Wohlbegriff zu oft Verständnis- und Umsetzungsprobleme.

Die Maßstäbe der UN-Behindertenrechtskonvention

Die UN-Behindertenrechtskonvention (UN-BRK) kennt den Begriff des Wohls nicht. Als Recht und Maßstab finden wir dort grundsätzlich die »Rechts- und Handlungsfähigkeit« (also die Selbstbestimmungsfähigkeit, die u. U. zu ihrer Ausübung einer Unterstützung bedarf) und weiter in Art. 12 Abs. 3 die Begriffe »Wille, Rechte und Präferenzen«. In den »Allgemeinen Bemerkungen Nr. 1 des UN-Fachausschusses für die Rechte von Menschen mit Behinderungen« vom 19.5.2014 spricht sich der Ausschuss dagegen aus, den Begriff des Wohls weiter in Bezug auf Erwachsene zu nutzen.[3]

Die UN-BRK und insbesondere der Fachausschuss vertreten teilweise sehr extrem das Recht der uneingeschränkten Selbstbestimmung unter Inkaufnahme erheblicher Selbstschädigung, auch bei Menschen mit eingeschränkter Wahrnehmung der Realität. Dem ist das Bundesverfassungsgericht mit der Aussage entgegengetreten, dass unsere Verfassung die Würde des Menschen nicht nur achten, sondern auch schützen muss. Im Betreuungswesen begegnen uns in großer Zahl Menschen, die zwar Wünsche äußern, aber geistig außerstande sind, die Folgen und die Realität zu erkennen. Hier muss auch der Schutz vor erheblicher nicht erkannter Selbstschädigung in Betracht gezogen werden.

---

3 Information der Monitoring-Stelle, Berlin (2015).

Reformvorschlag

Festzustellen ist, dass der Wohlbegriff im deutschen Betreuungsrecht differenziert anzuwenden ist, aber die Praxis – auch die gerichtliche – zu häufig den objektiven Maßstab zugrunde legt. Der Wohlbegriff sollte durch eine andere Formulierung ersetzt werden. Hier bieten sich die Maßstäbe und Voraussetzungen zur geschlossenen Unterbringung an, nämlich die »konkrete Gefahr«. Nur wenn Wünsche der Klient/innen bei ihrer Umsetzung zu einer konkreten Gefahr für das Leben, die Gesundheit oder die Lebensgrundlage führen, kann und muss der rechtliche Betreuer/ die rechtliche Betreuerin sich verweigern oder auch gegen Wunsch und Wille handeln dürfen.

Das widerspricht den Grundsätzen der UN-Behindertenrechtskonvention nicht, da in Art. 12 Abs. 4 auch die »Rechte« der betroffenen Personen als ein Maßstab des unterstützenden Handelns genannt werden und im Einzelfall gegen einen geäußerten »Willen« stehen können. Zu diesen »Rechten«, gehört z. B. das Recht auf Gesundheit, körperliche Unversehrtheit u. Ä.

Rechtshandlungen von Betreuerinnen oder Betreuern im Konflikt zwischen »Rechten« und »Willen« sind in der Regel immer dann mit Genehmigungsvorbehalten versehen, wenn gegen den Willen der betroffenen Person gehandelt werden muss.

Uwe Harm
Korrespondenzadresse: uwe.harm@web.de

FACHPOLITIK

Ohne Wenn und Aber: Professionelle Betreuung anerkennen!

Thorsten Becker

Zwischen Hoffnung und Enttäuschung

Wenn wir über unseren Beruf und unsere Profession nachdenken, haben wir es mit sehr vielen unterschiedlichen Faktoren zu tun. Da ist ein politisches Umfeld, das wir beleuchten müssen. Wir haben unsere Fachlichkeit zu entwickeln und arbeiten weiter auf unserem Weg zu einer anerkannten Profession. Es geht um Rahmenbedingungen für unseren Beruf, und es geht um Inhalte.
So wende ich mich zunächst der aktuellen Situation zu. Das schuldet die Zeit, in der wir uns gerade befinden. Wir bewegen uns permanent zwischen den Polen »Hoffnung und Enttäuschung« – und das tun wir nicht erst seit gestern, sondern seit vielen Jahren.
Wir haben die Hoffnung auf eine Vergütungserhöhung in greifbarer Nähe, und es gibt positive Signale auf dem Weg zu einem anerkannten Beruf. Als Verband haben wir erreicht, dass Betreuung in der Politik und in den Ministerien eine wachsende Präsenz und eine höhere Anerkennung hat. Als gutes Beispiel möchte ich das Bundesministerium der Justiz und für Verbraucherschutz anführen: Hier pflegen wir auf der Arbeitsebene einen sehr respekt- und vertrauensvollen Umgang miteinander. Damit haben wir viel erreicht.
Aber: Es gibt auch Enttäuschung in den Reihen der Berufsinhaber/innen, vielleicht ist es manchmal auch mehr Verzweiflung oder Ärger und Wut. Nach zwanzig Jahren der Professionalisierung sind wir immer noch kein anerkannter Beruf. Die Vergütung stagniert. Das ist Fakt. Und wir wissen alle: Die Zeitpauschalen reichen schon lange nicht mehr. Diese Umstände machen uns die alltägliche Arbeit jeden Tag aufs Neue schwer. Das ist die Realität, die ist hinreichend beschrieben. Und trotzdem: Wir müssen mit einer heftigen Gegenwehr aus einigen

Bundesländern leben, die sich gegen die geplante Vergütungserhöhung aussprechen.

Frau Schnellenbach (im BMJV zuständig für den Bereich Betreuungsrecht, Anm. d. Redaktion) hat in ihrem Grußwort angekündigt, dass ab Herbst eine Diskussion über die Qualiät in der Betreuung ansteht. Es stellt sich die Frage, inwieweit das unter solchen Gegebenheiten dann wirklich gut funktionieren kann. Aber dazu später mehr.

Was haben wir bisher politisch unternommen? Wir machen Lobbyarbeit mit Hochdruck. Das fängt an bei den Landesgruppen, die hochaktiv sind. Wer unsere Homepage aufruft und die bdbaspekte liest, bekommt ein sehr anschauliches Bild davon, welch unglaubliche Anstrengung wir unternommen haben, um unzählige Gespräche mit hochrangigen und weniger hochrangigen Politikern zu führen, um für unsere Anliegen einzutreten. Bundesvorstand und Geschäftsführung haben das in gleicher Weise auf Bundesebene getan.

BdB: Engagement und (Zwischen-)Erfolge

Wir haben Strukturen verändert, um diesen Prozess erfolgreich gestalten zu können. Wir haben in der Geschäftsstelle Ressourcen freigestellt, um wirklich nahezu tagesaktuell zu analysieren. Man kann sich vielleicht nur schwer vorstellen, wie viele Informationen uns aus unterschiedlichen Richtungen tagtäglich erreichen. Diese gilt es aufzunehmen, zu sortieren und zu bewerten. Wir haben Strategie- und Konzeptarbeit geleistet, auch um die Landesgruppenarbeit zu unterstützen. Ich hoffe, vieles davon ist bei Ihnen angekommen. Wir haben selbstverständlich Stellungnahmen verfasst und Argumentationshilfen für all die Aktiven gefertigt, damit diese gut vorbereitet in die Gespräche gehen können. Und wir haben eine externe, professionelle Unterstützung für die politische Arbeit in den Landesgruppen organisiert. Seit 2015 verfolgen wir die Strategie, Ressourcen zu bündeln, was notwendig war. Es ist ohne vernünftige Alternative gewesen, aber es war nicht schmerzfrei. Das heißt, andere Tätigkeitsfelder sind weniger bearbeitet worden. Das hat einigen Bereichen nicht gutgetan. Aber wir haben nur begrenzte Ressourcen, und wir müssen politisch entscheiden, wie wir diese am wirkungsvollsten einsetzen. Ich möchte mit der Eingliederungshilfe ein Beispiel nennen, das

sicherlich zu kurz gekommen ist: Hier haben wir uns in die Diskussion nicht so eingemischt, wie wir uns das vorgestellt haben.
Aber wir sagen: Vergütungserhöhung ist das große Thema, das beschäftigt uns alle, es ist essenziell. Und wir kämpfen. Wir kämpfen mit höchster Energie. Wir haben auf allen Ebenen für eine sofortige Erhöhung der Vergütung gekämpft – und tun es noch immer. »Sofort« meint dabei immer »in dieser Legislaturperiode noch«. Und ich bin der Meinung, ich sage das ganz deutlich: Wir haben einen Zwischenerfolg erreicht. Ich weiß, und ich kenne die Kritik, dass wir uns davon noch nichts kaufen können. Aber wir haben erreicht, dass ein Gesetzesentwurf zur Vergütungserhöhung vorliegt. Und wir wären falsch beraten, wenn wir das nicht auch mal anerkennen würden, denn: So weit waren wir noch nie! Und ich weiß, dass etliche Mitglieder laute Töne, Protest und auffällige Aktionen gefordert haben. Ich aber sage: Es war notwendig, moderate Töne zu finden und oft auch Verhandlungen hinter verschlossenen Türen zu führen. Und: Es war und ist uns nicht möglich, alle Informationen, die uns vorliegen, eins zu eins an die Mitglieder weiterzugeben. Es gibt vertrauliche Gespräche, über deren Inhalt man Stillschweigen bewahren muss. Das ist eine Strategie, in die wir sehenden Auges gegangen sind, und die wir auch weiterverfolgen. Weil wir das große Ziel haben, eine Vergütungserhöhung noch in dieser Legislaturperiode zu erreichen. Wir haben das bei Weitem noch nicht aufgegeben. Und dafür werden wir auch eintreten bis zum letzten Tag, an dem es sich noch lohnt, zu kämpfen.
Dafür war eine Verhandlungsstrategie notwendig, die nicht jeder verstanden hat. Der Verband und ich haben da manche E-Mail bekommen. Wir haben auch Telefonate mit den Mitgliedern geführt, um zu hören, wie die Stimmung ist. Aber auch, um zu erklären, warum und wie wir etwas tun. Wir haben eine klare Zielrichtung und sind in unserer Strategie immer flexibel gewesen. Und wir haben eine Bereitschaft zur Diplomatie. Das ist für mich aber kein Zeichen von Schwäche oder Nachgiebigkeit. Lobbyarbeit funktioniert im Rahmen des Systems und bedeutet auch, Realpolitik zu betreiben. Und Realpolitik hat manchmal sicherlich auch einen bitteren Beigeschmack. Ich weiß: Als die 15 Prozent als Vorschlag von der Bundesregierung vorgelegt worden sind, gab es nicht nur »Hurra-Schreie«. Es gab zu Recht kritische Anmerkungen wie »15 Prozent, das ist ein Witz!« oder »Das ist ja nicht mal der Inflationsausgleich!«. Das weiß ich alles, das haben wir gehört, und es ist bei uns angekommen.

Dennoch: Wir müssen jetzt zusehen, dass wir das, was auf dem Tisch liegt, auch greifen. Und dazu sind die direkten Gespräche mit der Politik das zentrale Mittel für eine erfolgreiche Lobbyarbeit. Ich möchte das hier nochmal ganz deutlich hervorheben.

Für diese Arbeit haben wir uns professionelle Unterstützung geholt – und wir haben einen Glücksgriff gemacht. Herr Dr. Gerd Schmitt ist zum einen Staatsrechtler, er ist aber auch ehemaliger Direktor des Bundesrates und damit ein unfassbar bewanderter Mensch in der Politik. Mit seinen vielen wichtigen Kontakten zu entscheidenden Politikern ist er uns vom Beginn des Prozesses bis zum heutigen Tag ein sehr hilfreicher Berater gewesen. Er hat Türen für uns geöffnet, die uns wohl länger verschlossen geblieben wären.

Wir haben Lobbypolitik auf allen Ebenen betrieben, auch auf sehr hohen Ebenen. Wir hatten sehr honorige Gesprächspartner in der Vergangenheit. Erinnern wir uns an BdB-Jahrestagungen, die vielleicht nur zwei oder drei Jahre zurückliegen: Da waren wir froh, wenn wir an irgendeinen Sachbearbeiter herangekommen sind. Heute haben wir es mit Staatssekretären – auch im BMJV – zu tun.

Und trotzdem: Die Entscheidung über eine Vergütungserhöhung ist weiter offen. Nach zwölf Jahren hat es die Politik nicht geschafft, sich auf eine einheitliche Linie zu einigen. Und das, obwohl Bundespolitiker und auch das BMJV in großer Zahl auf unserer Seite waren und es auch heute sind. Frau Schnellenbach hat in ihrem Grußwort gerade darauf hingewiesen, dass wir eine sehr seltene Konstellation haben: Alle vier Fraktionen des Deutschen Bundestages stimmen für das Gesetz zur Erhöhung der Vergütung. Das ist auch ein Ergebnis unserer Lobbyarbeit. Es ist aber auch ein Ergebnis unserer unschlagbaren Argumente. Diese Einigkeit gilt für die Bundesebene und für das BMJV. Sie gilt ganz klar nicht für die Landesministerien.

Das ist ein düsteres Bild, das ich da beschreiben muss. Wir haben etliche Justizminister, die deutlich erklärt haben, dass sie sich für eine Vergütungserhöhung einsetzen werden, sofern die Studie des BMJV zur Qualität in der rechtlichen Betreuung die entsprechenden Ergebnisse liefert. Diese Aussagen haben wir als autorisierte Zitate. Nach den jüngsten Entwicklungen müssen wir feststellen: Manche von ihnen sind schlichtweg wortbrüchig geworden.

Verweigerung der Bundesländer

Lassen Sie mich einen kleinen Exkurs machen: Was heißt »jüngste Entwicklungen«? Ich möchte darauf zurückblicken, was sich am letzten Montag (24.04.2017) ereignet hat, denn das betrifft uns alle existenziell. Es gab den Versuch von BMJV und Bundestag, mit den Ländern ins Gespräch zu kommen, um einen gemeinsamen Weg zu finden. Geplant war, dass sowohl hochrangige Vertreterinnen und Vertreter des Ministeriums und des Parlaments (also rechtspolitische Sprecherinnen und Sprecher), Finanzverantwortliche von Bund und Ländern als auch Staatssekretäre von nahezu allen 16 Bundesländern zu diesem Gespräch kommen sollten. Es kam anders. Nur fünf Länder haben an diesem Treffen teilgenommen, unter ihnen Nordrhein-Westfalen und Schleswig-Holstein. Wer unsere Debatte verfolgt hat, kann sich vorstellen, unter welchen Vorzeichen das Gespräch von vornherein stand. Das Ergebnis ist ernüchternd: Der Gesetzgebungsprozess ist durch die ablehnende Haltung der Länder weiter verschoben worden. Das ist ein Fakt. Also dieser gut gemeinte und übrigens auch exotische Vorstoß, eine Lösung über alle Ebenen herbeizuführen, hat zumindest vorerst nicht zum Erfolg geführt. Man muss feststellen: Der Bund hat versucht, zu Lösungen zu kommen. Man muss genauso feststellen, dass die Zeit knapp wird. Ich möchte drei Daten nennen:

Am 18. und 19. Mai tagt der Bundestag. Wir wissen aus parlamentarischen Kreisen, dass das Gesetz, das in erster Lesung bereits verabschiedet worden ist, dort in zweiter und dritter Lesung verabschiedet werden soll. Wenn es denn so wäre, könnte das Gesetz am 2. Juni 2017 in den Bundesrat. Das wäre die letzte Frist, sofern es noch in den Vermittlungsausschuss geschoben werden soll. Und die letzte Sitzung des Bundesrates ist am 7. Juli 2017. Da könnte rein theoretisch noch ein Ergebnis verabschiedet werden. Wir können das bis zum heutigen Tag noch nicht abschließend bewerten – die Sitzung war, wie bereits gesagt, am Montag. Wir haben natürlich bereits viel telefoniert und werden jetzt in der Folge zusätzliche Gespräche führen, um einige Abschätzungen zu treffen. Aber zumindest haben wir schon mal die unverrückbaren Termine: Wenn diese vorüber sind, ist die Legislaturperiode vorbei – und dann muss unsere Vergütungserhöhung Gesetz geworden sein. Wir werden unsere Forderungen an das BMJV und auch an die Fraktionen noch mal bekräftigen, dass der Gesetzgebungsprozess Mitte Mai im

Bundestag abgeschlossen werden soll. Eine andere Überlegung ist, dass die Justizministerkonferenz, die im Juni tagt, in der Hoffnung abgewartet werden soll, dass dort eine Einigung erzielt wird. Dann könnte das Gesetz im Bundesrat durchgewinkt werden. An dieses Prozedere aber glauben wir nicht. Wir haben uns gestern in der Vorstandssitzung sehr intensiv darüber unterhalten. Deshalb bleiben wir bei unserer Forderung, dass das Gesetz im Mai im Bundestag verabschiedet werden muss. Soweit der Exkurs zu den aktuellen politischen Entwicklungen.

Es geht um Wertschätzung der Arbeit und Achtung vor Klient/innen

Die Landesministerien geben vor, es gehe um Geld. Wir halten dies für eine relativ vorgeschobene Behauptung. Denn am Ende geht es um die Wertschätzung unserer Arbeit und die Achtung unserer Klientinnen und Klienten. Wir sind deshalb auch der Meinung, dass das Verhalten der Länder relativ beschämend ist – auch wenn diese das natürlich anders sehen. Unser diesjähriges Motto lautet: Ohne Wenn und Aber. Bei allem Pessimismus, den wir auch wahrnehmen: Die Chancen auf Veränderung waren nie so groß! Dieser Satz gilt nach wie vor. Es gibt den Gesetzentwurf der Bundesregierung, und es gibt die Zwischenergebnisse der vom BMJV in Auftrag gegebenen Studie. Entsprechend heftig waren dann auch die Reaktionen derer, die keine Veränderung wollen, nämlich die der Bundesländer. Will man das Positive aus dieser Situation herausfiltern, dann das: Die Bundesländer haben sich noch nie so dezidiert mit Betreuungspolitik beschäftigt wie jetzt.
Aber es werden deshalb auch wieder alte Klischees und Argumente herausgekramt und einfach mal so unbedacht in die Welt geworfen: »Betreuer machen fette Gewinne«, »Die berufliche Betreuung geht auf Kosten des Ehrenamts und auf Kosten der Selbstzahler« oder »Vereinsbetreuer sind vorzugswürdig«.
Es gibt Leute, die bemühen sich, Vereinsbetreuerinnen und Vereinsbetreuer und berufliche Betreuerinnen und Betreuer gegeneinander auszuspielen. Nicht mit uns! Berufliche Betreuung und Vereinsbetreuung, berufliche Betreuung innerhalb und außerhalb des Vereins, sind vollkommen gleichwertig. Was die Betreuung von Klienten und Klientinnen

betrifft, sind sie im Übrigen auch mit den exakt gleichen Aufgaben befasst. Nichtsdestotrotz: Für unseren Beruf ist Politik ein zähes Geschäft. Einmal mehr stellen wir fest, dass wir uns für jede Verbesserung die Beine ausreißen. Wie viel Aufwand haben wir allein für diese Gesetzesänderung betrieben! Es ist ein wirklich zähes Geschäft. Umso ärgerlicher sind politische Ablenkungsmanöver. Es gibt gezielte Desinformation, vielleicht sogar Diskreditierung. Und ich habe mir erlaubt, auch den Begriff der »alternativen Fakten« in mein Manuskript zu schreiben. Denn es wird behauptet, und das kommt im Wesentlichen aus Schleswig-Holstein von Frau Spoorendonk, dass die ISG-Studie methodisch angreifbar sei. Sie soll nicht aussagekräftiges Datenmaterial enthalten. Es wird von einem »sogenannten« Zwischenbericht gesprochen, dabei ist dieser offiziell veröffentlicht worden. Auf der anderen Seite wird die herausragende Datenbasis zur Zeiterhebung schlichtweg missachtet. Und es wird behauptet, Berufsbetreuer leisteten keine wertvolle Querschnittsarbeit im öffentlichen Interesse. Deshalb gehe es darum, Betreuung zu vermeiden und nicht darum, diese zu fördern. Was uns auch immer wieder entgegengehalten wird: »Was wollt ihr überhaupt? Ihr verdient doch prima! Betreuer verdienen 7.000 Euro bei 50 Fällen, und es gab eine 50-prozentige Vergütungserhöhung seit 2004.« Peter Winterstein hat in seinem Grußwort gerade zu Recht darauf hingewiesen, dass wir D-Mark-Stundensätze hatten, die weit darüber lagen. Mir ist nicht klar, wie jemand auf 7.000 Euro kommt. Das ist einfach ausgerechnet: Ich multipliziere die Anzahl der anerkannten 3,2 Stunden, die im Mittel bezahlt werden, mit 50 Betreuungen und 44 Euro in der höchsten Vergütungsstufe, und ich komme auf nahezu 7.000 Euro Umsatz. Man meint es kaum, aber einige Politikerinnen und Politiker sind nicht in der Lage, Umsatz eines selbstständigen Unternehmers von einem Brutto- oder Nettolohn auseinanderzuhalten. Sie lachen jetzt, aber das ist bittere Realität!

Was bleibt uns übrig? Ich appelliere dafür, einen klaren Kopf zu bewahren. Nur dann können wir erfolgreich werden. Wir wissen, dass die geplanten 15 Prozent Vergütungserhöhung nur ein knapper Ausgleich für die Preis-, Kosten- und Tarifsteigerungen sind. Bei allem Respekt: Diese 15 Prozent sind für die Länderhaushalte vergleichsweise gering. Ich möchte hier nur mal an die Tariferhöhungen im öffentlichen Dienst erinnern, die gerade verabschiedet worden sind: 1,9 Milliarden Euro Mehrkosten in 2018 infolge des Tarifabschlusses für die Landesbeschäftigten.

Die Betreuervergütung würde 112 Millionen Euro kosten. In einem Fall spreche ich von Milliarden, im anderen von Millionen. Klar, wir sind weniger Betreuerinnen und Betreuer. Aber ich möchte nur mal die Relation für die Landeshaushalte darstellen, um aufzuzeigen, wovon wir hier sprechen. Es geht hier im Endeffekt um eine Geringschätzung unserer Arbeit, die ich beschämend finde. Und ich möchte das noch mal sagen: Missachtung der Betreuung ist auch Missachtung unserer Klientinnen und Klienten!

Studie liefert hervorragende Datenbasis

Und wir haben eine ISG-Studie, die entgegen allen Anfeindungen eine hervorragende Datenbasis zur Zeiterhebung liefert. Diese stellt fest: Wir arbeiten 24 Prozent mehr als wir bezahlt bekommen. Deswegen unsere Botschaft an die Politik: Sorgt endlich für angemessene Rahmenbedingungen. Denn es hat Folgen, wenn sich nichts ändert. Die Entmutigung der engagierten Berufsbetreuerinnen und Berufsbetreuer beginnt nicht erst jetzt und hat auch nicht vor Kurzem erst begonnen, sie währt schon länger. Wir wissen alle, dass sie mittlerweile weit um sich gegriffen hat. Ich kenne lang arbeitende Kolleginnen und Kollegen, die wirklich frustriert sind und tatsächlich in einem relativ hohen Alter noch darüber nachdenken, ob sie sich nicht einfach was Neues suchen, weil sie einfach nicht mehr weiterwissen. Vereine und Büros geben auf. Das ist die Folge. Und das ist in vielen Regionen auch zu spüren. Es gibt Regionen, da gibt es immer noch ein Überangebot an Betreuerinnen und Betreuern. Aber es gibt auch viele Regionen, da bekommen wir keinen Nachwuchs, geschweige denn qualifizierten Nachwuchs. Die Qualitätseinbußen sind naheliegend. Das jetzige Vergütungssystem fördert stellvertretendes Handeln, das hat Peter Winterstein (Vorsitzender des Betreuungsgerichtstages, Anm. d. Redaktion) in seinem Grußwort erwähnt. Ich ergänze: Die Rahmenbedigungen und der zunehmende Stress führen zu enormen Qualitätseinbußen, die sich letzten Endes in der Reduzierung von Teilhabechancen unserer Klientinnen und Klienten auswirken. Krisen eskalieren, und es kommt zu ineffizienter Versorgung. Als Besorgerinnen und Besorger können wir Versorgung einfach nicht mehr so organisieren, wie wir das gerne tun würden.

Deswegen: Professionelle Betreuung! Und damit haben ja wir nicht gestern erst angefangen. Zwanzig Jahre handeln wir nach dieser Maxime. Bereits auf der BdB-Jahrestagung 1997 ging es um Kompetenz und Qualitätssicherung. Seitdem beschäftigen wir uns intensiv mit dem Thema Qualität. Und jetzt wollen uns einige Politiker weismachen, dass statt einer Vergütungserhöhung im Schnellschussverfahren erstmal über Qualität geredet werden müsse. Ich sage Ihnen, das ist manchmal richtig bitter! Mit dieser Haltung ist Schleswig-Holstein nicht alleine. Das hat nicht nur die Justizministerin von Schleswig-Holstein, Anke Spoorendonk, gesagt[1], sondern Herr Kutschaty, der Justizminister aus Nordrhein-Westfalen[2], hat sich lückenlos in diese Argumentation eingereiht, obwohl er ursprünglich eine ganz andere Position vertreten hatte.

Und das, obwohl Betreuung ein Vertrauensberuf ist. Unsere Klientinnen und Klienten sind oft schutzbedürftig. Betreuerisches Handeln ist bedeutsam für den Einzelnen und für die Gesellschaft. Betreuerinnen und Betreuer müssen sehr sensible und weitreichende Entscheidungen treffen. Und bei vergleichbaren Tätigkeiten sind fachliche Standards vollkommen selbstverständlich. Wir machen uns jetzt auf eben diesen Weg, auch wenn Standards nach wie vor nicht wirklich verlangt werden. All das fehlt noch! Eine hohe Verantwortung der Berufsbetreuung und die fehlende Verbindlichkeit: Ich halte das für eine recht gefährliche Kombination. Die Auswirkungen kennen wir, in der Praxis kann das alles erheblich schiefgehen – und dann mit weitreichenden Folgen. Professionelle Betreuung ist auch Schutz der Bürgerinnen und Bürger vor unsachgerechter Betreuung.

Mehr als zwanzig Jahre Engagement für Qualität

In Zusammenarbeit mit der Wissenschaft entwickeln Berufsinhaberinnen und -inhaber derzeit professionelle Maßstäbe für die Zugangssteuerung, für die Ausbildung der Berufsbetreuerinnen und -betreuer und für die Bewertung von Qualität – auch da sind wir schon lange dran. Ich erinnere an dieser Stelle auch noch einmal an die Berufsaufsicht, die wir im

---

1 Aus einem Schreiben der Ministerin an Bundestagsabgeordnete, welches dem BdB vorliegt.
2 Antworten des Ministers auf Fragen des BdB in Nachbereitung eines Treffens am 16. Februar.

Zusammenhang mit der Kammer diskutieren, und an die professionelle Beratung der Ehrenamtlichen. Ich will damit in keiner Weise infrage stellen, dass es diese gibt. Aber gibt es diese flächendeckend und in ausreichendem Maße? Ich glaube: nein! Ich glaube sogar, wir sind weit davon entfernt! Ein beruflicher, ein professioneller Kern könnte da sehr gut weiterhelfen.

Nicht nur wir haben bereits vor zwanzig Jahren gesagt, dass wir uns um Qualität kümmern müssen. Auch der Vormundschaftsgerichtstag, wie der Betreuungsgerichtstag damals noch hieß, hat vor 17 Jahren darauf hingewiesen, dass es zu den Aufgaben einer sich reflektiert entwickelten fachlichen Praxis gehört, das WIE einer fachgerechten Betreuung in den Blick zu nehmen. Das ist aus den Leitlinien zur rechts- und sozialpolitischen Diskussion um die Weiterentwicklung des Betreuungswesens zu entnehmen.[3]

Für das WIE einer fachlichen Betreuung gibt es bis heute keinen allgemein verbindlichen berufsfachlichen Maßstab. Ich habe da einen Satz im Kopf: »Da sind wir einfach nicht gut entwickelt« – ich schließe damit an Herrn Wunder an, der in seinem Vortrag Ähnliches ausgeführt hat. Und es gibt keine fachgerechte, dem Wissensstand entsprechende Betreuung. Es gibt also keine Verbindlichkeit. Es ist alles immer noch ungeregelt – am Ende auch die Art und Weise der Betreuungsführung. Die Qualität der Betreuung bleibt somit das Ergebnis zufälliger Faktoren. Und das bedeutet, dass es ein gewisses Risiko gibt, wenn Sie ein Mensch mit Betreuungsbedarf sind. Sie können in dem Fall nur hoffen, auf einen Betreuer zu treffen, der Sachverstand hat und die Betreuung kooperativ und unterstützungsorientiert ausführen kann, der Ressourcen und Bedarfe erkennt, Kommunikationsbarrieren überwindet, der individuellen Präferenzen mit dem Versorgungssystem zu synchronisieren weiß, und der die Interessen und Ansprüche seiner Klientinnen und Klienten durchzusetzen und den schwierigen Prozess der Abwägung von Freiheits- und Schutzrechten durchzuführen vermag.

Bis heute zögert die Justiz, Betreuung als Beruf anzuerkennen. Vor 25 Jahren wurde die Betreuung eingeführt, wir haben also in diesem Jahr ein Jubiläum! Feiern wir das? Nein. Denn es ist uns allen nicht nach Feiern zumute. Es wäre aberwitzig, »25 Jahre Betreuung« unter den derzeitigen Bedigungen zu feiern. Warum also ist dieser Prozess

---

3 Vgl. Vormundschaftsgerichtstag e. V., betrifft: Betreuung Nr. 2 (2000).

noch nicht weiter? Es wird immer wieder vorgeschoben, es gehe um Sorge, um das Ehrenamt und um Kostenerwägungen. Zum Ehrenamt habe ich bereits etwas gesagt: Ich bin der festen Überzeugung, dass ein professioneller Kern dazu führt, dass das Ehrenamt gestärkt wird! Die Kostenerwägungen halte ich für vorgeschoben. Der entscheidende Punkt für mich ist die Missachtung der komplizierten Unterstützungsarbeit – diese Missachtung findet vor allem in den Ländern statt. Dort gibt es zwei weitverbreitete Sichtweisen, und ich halte sie beide für falsch. Zum einen wird von einem Stellvertretermodell ausgegangen: Betreuer erledigen fremde Angelegenheiten. Fertig! Andere sprechen von einem Assistenzmodell und gehen davon aus, dass der Betreuer das umsetzt, was der Klient oder die Klientin will.

Betreuung ist Unterstützungsmanagement

Betreuung ist aber weder Assistenz noch ausschließlich Stellvertretung. Selbstverständlich nicht! Betreuung ist ein flexibles, prozessorientiertes Unterstützungsmanagement, das bestimmte Zielgruppen befähigt, ihre Rechts- und Handlungsfähigkeit auszuüben. Das sind Menschen, die aufgrund einer Beeinträchtigung oder Krankheit ernsthafte Probleme haben, ihre eigenen Angelegenheiten zu besorgen bzw. wichtige Entscheidungen zu treffen oder durchzusetzen. Es ist also viel komplizierter als gemeinhin angenommen. Herr Wunder hat es in seinem Vortrag beschrieben, wie komplex und kompliziert diese Unterstützungsleistung denn eigentlich ist, die wir auszuüben haben.
Das Gesetz zeichnet uns ein einfaches Bild. Der § 1896 BGB sagt sinngemäß: Manche sind unfähig, die brauchen Betreuung. Artikel 12 der UN-BRK, so wird er von manchen ausgelegt, sagt: Jeder ist fähig, manche brauchen aber Unterstützung. Aber die Betreuungswirklichkeit sieht anders aus: Zwischen fähig und unfähig findet sich ein weites und dynamisches Spektrum, mit Schattierungen und Nuancen. Und diese gilt es für jede einzelne Angelegenheit immer wieder neu auszuloten und mit dem Klienten oder der Klientin koproduktiv zu gestalten.
Also: Wir als Betreuerinnen und Betreuer gestalten Unterstützungsprozesse mit weitreichender Verantwortung mit Menschen in schwierigen Lebenslagen. Und das tun wir bedarfsgerecht. Und ich sage das für die

Juristinnen und Juristen unter uns gern dazu: Es ist das Äquivalent zu dem gut bekannten Erforderlichkeitsgrundsatz. Wir unterstützen immer bezogen auf die Fähigkeit zur Selbstsorge und in einer konkreten Situation und bei Bedarf – auch zum Schutz unserer Klientinnen und Klienten.
Da kommen wir zu dem ethischen Kern der Betreuungsarbeit: nämlich die Verantwortung im Spannungsfeld zwischen Schutz- und Freiheitsrechten. Hier bewegen wir uns natürlich auf einer Gratwanderung. Wir müssen uns immer wieder die Frage stellen: Wann überwiegen die Argumente für die Autonomie der Person, für ihr Recht auf Risiko und Selbstschädigung? Und wann gilt es, Maßnahmen zu ergreifen, die zum Schutz der Person in die Grundrechte eingreifen? Empathie und Menschenverstand reichen nicht aus für eine derart verantwortungsvolle Tätigkeit.
Moderne Gesellschaften entwickeln geregelte Verfahren für sensible Humandienstleistungen. Wir müssen uns schon fragen, warum das für eine so sensible Humandienstleistung wie für die Betreuung nicht gelten soll. Was wir zu tun haben, ist: Handlungsfelder analysieren, Konzepte entwickeln, Handlungen zielgerichtet planen, Probleme systematisch lösen, Erfahrungen reflektieren sowie Prozesse und Ergebnisse bewerten.
Nun ist das alles nicht nagelneu. Und wir haben auch schon eine Antwort darauf gegeben, nämlich das Betreuungsmanagement. Das Betreuungsmanagement hat ein geregeltes Verfahren: Es geht immer um die Mitwirkung der Klienten und Klientinnen. Wir arbeiten als Betreuerinnen und Betreuer in Koproduktion mit unseren Klienten und Klientinnen. Es geht um die Erfassung ihrer Wünsche und Präferenzen, genauso wie um die Erfassung ihrer Ressourcen und ihrer Bedarfe. Im Contracting werden Ziele definiert und Maßnahmen geplant, die anschließend ausgewertet werden. Und wir haben Gestaltungsprinzipien wie Nutzerorientierung, Empowerment, Handeln auf Basis von Kontrakten, Transparenz, Qualitätssicherung usw. Ich nenne das hier nur schlaglichtartig.
Eines ist klar: Die Rahmenbedingungen, unter denen wir tätig sind, widersprechen den professionellen Herangehensweisen, die entwickelt worden sind. In diesem Spannungsfeld leben wir. Und es ist nicht so, dass diesem widersprochen wird – auch nicht von Politikerinnen und Politikern.
Keine Zeit für Qualität. Deshalb ist es nicht zufällig, dass die Berufsinhaberinnen und Berufsinhaber ein sehr großes Interesse an der Zeiterhebung

in der ISG-Studie hatten. Und die Autoren sprechen – ganz anders als die Länder – von einer unerwartet umfangreichen und guten Datengrundlage. Frau Schnellenbach hat vorhin die gute Zusammenarbeit mit uns im Rahmen dieser Studie hervorgehoben. Es war sogar so, dass wir einen zweiten Aufruf an unsere Mitglieder, an dieser Studie teilzunehmen, überhaupt nicht mehr durchführen sollten, weil die Forscher größte Bedenken hatten, die Flut an Daten überhaupt bewältigen zu können. Und das haben die Forscher auch gesagt: Weder ist es üblich noch war zu erwarten, dass bei solch zeitaufwendigen und umfangreichen Erhebungen – ich erinnere an nahezu 200 Fragen – so viele Teilnehmerinnen und Teilnehmer gefunden werden konnten.

Keine Zeit für Unterstützte Entscheidungsfindung

Eines der wichtigsten Ergebnisse, die der Zwischenbericht der Studie jetzt hervorbringt: keine Zeit für Unterstützte Entscheidungsfindung. 44 Prozent der befragten Betreuerinnen und Betreuer haben angegeben, die Unterstützte Entscheidungsfindung allenfalls manchmal anzuwenden. Und ich will auch an dieser Stelle darauf hinweisen: Diese Studie ist an viele verschiedene Kolleginnen und Kollegen gegangen, und nicht nur an die, die sich im BdB mit dem Begriff der Unterstützten Entscheidungsfindung bereits beschäftigt haben. Die Studie ist auch an diejenigen gegangen, die den Begriff der Unterstützten Entscheidungsfindung vielleicht zum ersten Mal gehört haben. Das muss man, wenn man diese Zahlen sieht, mitbedenken. Dabei will ich auch nicht verleugnen, dass es vielleicht auch im BdB den einen oder die andere gibt, der oder die sich noch nicht intensiver damit auseinandergesetzt hat. Aber sei es drum: 44 Prozent der befragten Betreuer/innen haben dies angegeben. Und 40 Prozent sind der Auffassung, dass Zeitmangel oft oder sehr oft der Grund für ersetzte Entscheidung ist. Letztlich noch eine Zahl: 96 Prozent sind der Auffassung, dass der vergütete Zeitaufwand für eine unterstützungsorientierte Betreuung höher sein müsste.
Weitere Zahlen aus der Studie: Wir leisten 24 Prozent Mehrarbeit. So, und das unterstreiche ich, sichern wir ein Mindestmaß an Professionalität in der Betreuung! Oder andersherum gesprochen: Hätten wir

keine Bereitschaft, unbezahlte Arbeit zu leisten, würde die Betreuungslandschaft ganz anders aussehen. Der vergütete Zeitaufwand beträgt 3,3 Stunden pro Klient und Monat. Der tatsächliche Zeitaufwand der im Rahmen der Studie erhoben wurde, liegt bei 4,1 Stunden bzw. 4,4 Stunden – nämlich dann, wenn man voll berücksichtigt, dass wir auch Angestellte haben. Und faktisch wird die aufgewendete Zeit der Mitarbeiterinnen und Mitarbeiter mit einem Gewichtsfaktor von nur 0,48 berechnet. So wurde praktisch fast nur die Hälfte der tatsächlich aufgewendeten Zeit der Mitarbeiterinnen und Mitarbeiter berücksichtigt. Das sind also sehr defensive Zahlen, wenn es darum geht, den tatsächlichen Zeitaufwand zu bemessen.

Wir müssen feststellen: Die Vergütung konterkariert alle Qualitätsbemühungen. Seit 2005 unverändert ist der Stundensatz, ungeachtet aller Preis- und Kostensteigerungen, ungeachtet der Tarifsteigerungen für Vereinsmitarbeiterinnen und -mitarbeiter. Und wir kommen nicht umhin zu sagen: Vergütung, Zeit und Qualität hängen eng zusammen. Wir müssen uns natürlich fragen, immer wieder und jeder in seinem beruflichen Alltag täglich neu: Wie viel Zeit können wir im Rahmen dieser jetzigen Vergütung für Unterstützungsarbeit investieren? Und das ist eine hochgefährliche Frage.

Ist das alles nur eine Frage des Geldes? Nein, das ist es sicherlich nicht! Es ist die Frage nach Anerkennung und nach professionellen Anforderungen. Das ist eine inhaltliche und keine finanzielle Frage! Und wenn die Politik diesen besonderen Unterstützungsbedarf, den ich skizziert habe, anerkennt, wird sie die Finanzierung eines professionellen Rahmens auch gewährleisten müssen. Und genau das ist die Krux, in der wir uns befinden, und der Grund, warum sich manche hinstellen und sagen, es gebe keine Qualitätsdefizite. Diese Argumente kennen wir aus den Ländern im Übrigen ja schon lange.

Und wir müssen sagen: Die Missachtung unserer professionellen Tätigkeit ist gleichzusetzen mit einer unzureichenden materiellen Ausstattung. Das sind zwei Seiten einer Medaille. Und bislang gilt für die Betreuung: Es gibt keine Anerkennung ihrer komplexen Funktionen, und es gibt keine Investitionsbereitschaft. Und das führt zu der Frage, wie viel der Gesellschaft die Unterstützung der Menschen, die für die Ausübung ihrer Rechts- und Handlungsfähigkeit auf Betreuung angewiesen sind, wert ist.

Anerkennung ist mehr als Auskömmlichkeit

Lassen Sie uns den Begriff der Anerkennung noch einmal etwas genauer anschauen: Anerkennung drückt sich sicherlich in einer angemessenen Vergütung aus. An dieser Stelle möchte ich noch mal den Begriff der Auskömmlichkeit kritisieren. Es geht nicht um Auskömmlichkeit. Ich persönlich möchte keine auskömmliche Vergütung, sondern ich möchte eine angemessene Vergütung. Eine Vergütung, die dem gesellschaftlichen Wert unserer Arbeit entspricht! Zur Anerkennung gehört auch ein eindeutiges Berufsbild. Dass dieses Berufsbild fehlt, ist ein Symptom der fehlenden Anerkennung. Ein Symptom sind auch die unzulässigen Leistungserwartungen, die an die Betreuung herangetragen werden. Die Flatrate-Betreuung: Hier werden Betreuerinnen und Betreuer verstanden als »Mädchen für alles«. Dies ist Ausdruck der Missachtung einer besonderen Sach- und Fachautorität. Die Betreuung ist eine Art »Blackbox« und dient als Projektionsfläche.

Darüber hinaus gibt es natürlich zusätzliche Faktoren der Anerkennung. Einige Schlaglichter: Es geht um das Ansehen in der Gesellschaft, letzten Endes auch um den gesellschaftlichen Wert der Arbeit, um eine theoretisch fundierte Ausbildung und einen wissenschaftlichen Bezugsrahmen. Es geht um die Regeln der Kunst in der Ausübung unserer Tätigkeit. Es geht ganz sicher auch um verbindliche Standards und eine qualifizierte Berufsaufsicht. Ich betone das: Unser Beruf muss inhaltlich unabhängig sein. Deswegen geht es nicht um Fachaufsicht, sondern um Berufsaufsicht. Dies stellt die selbstbestimmte Berufsausübung sicher.

In Bezug auf die Anerkennung der Betreuung als professionelle Aufgabe gibt es jedoch auch erste Anzeichen für eine positive Entwicklung. Diese müssen wir trotz allen Kummers über die Rahmenbedingungen auch in den Blick nehmen. Die sensible Funktion der Betreuung rückt ins Bewusstsein. Es wird deutlich, dass die Missachtung unseres Berufs mit der Missachtung der Rechte unserer Klientinnen und Klienten korreliert. Positiv formuliert: Mit dem wachsenden Bewusstsein für die Rechte von Menschen mit Behinderung wächst das Bewusstsein für die Notwendigkeit einer professionellen Betreuungsarbeit. Und wir sehen eine hohe Änderungsdynamik in der gesetzlichen Regelung zur Zwangsbehandlung, die im Übrigen gestern (26.04.2017, Anmerk. d. Redaktion) im Rechtsausschuss noch einmal beraten wurde. Auch der Bundesgerichtshof befasst sich damit. Ich zitiere eine höchstrichterliche

Rechtssprechung, die die herausragende Bedeutung der Betreuung außer Zweifel stellt. Da heißt es in einem BGH-Beschluss vom 1. Juli 2015: »Im gesamten Betreuungsrecht handelt es sich um ein Institut des Erwachsenen-Schutzes als Ausdruck der staatlichen Wohlfahrtspflege, deren Anlass und Grundlage das öffentliche Interesse an der Fürsorge für den schutzbedürftigen Einzelnen (...) Mithin haben die §§ 1896 ff. BGB nicht nur einen in die Grundrechte eingreifenden Gehalt (und jetzt wird es eigentlich erst richtig spannend), sondern dienen insbesondere der Verwirklichung des Selbstbestimmungsrechts und der Menschenwürde des Betroffenen, der wegen seiner Krankheit oder Behinderung nicht eigenverantwortlich entscheiden kann sowie dem Schutz seines Lebens und seiner Gesundheit.« (Aus: BGH-Beschluss vom 1. Juli 2015 Az. XII ZB 89/15.) An dieser Stelle geht es vor allem darum, dass auch der BGH noch mal die herausragende Bedeutung der Betreuung anerkannt hat. Wir können, und da sind wir uns schon lange einig, vom Gesetzgeber jetzt nicht die Ausgestaltung unserer Fachlichkeit erwarten. Das werden wir schon selbst machen müssen.
Der UN-Fachausschuss für die Rechte von Menschen mit Behinderung sagt: »Die Ausübung der Rechts- und Handlungsfähigkeit ist der Schlüssel des Zugangs zu einer bedeutend gesellschaftlichen Teilhabe« (Allgemeine Bemerkung Nr. 1, 13) und fordert in der Folge für die Betreuung professionelle Betreuungsstandards.
Die Anerkennung des Berufs wird auch im aktuellen Antrag der Regierungskoalition zur Vergütungserhöhung genannt. Das müssen wir auch noch mal in den Blick nehmen. Dort wird gesagt: »Berufsbetreuer nehmen im öffentlichen Interesse liegende Aufgaben wahr, die einen erheblichen zeitlichen Aufwand verlangen und mit nicht unbeträchtlichen Haftungsrisiken verbunden sind.«
Das alles sind Puzzlestückchen ... Es sind aber Puzzlestückchen, die hier und da zusammenpassen, und insgesamt findet hier bereits eine Anerkennung statt.
Und noch ein Zitat. Im Positionspapier der Staatlichen Koordinierungsstelle nach Artikel 33 der UN-BRK, das ist der Inklusionsbeirat, steht: »Für die Betreuungsarbeit – und zwar sowohl die ehrenamtliche wie die berufliche – müssen professionelle Standards entwickelt und etabliert werden, mit Hilfe derer die allgemein gehaltenen gesetzlichen Vorschriften der UN-BRK und des BGB im Hinblick auf geeignete Prozesse, Methoden und Instrumente der unterstützten Entscheidungsfindung

konkretisiert werden.«[4] Also auch hier findet sich eine klare Formulierung in Richtung Professionalisierung und Anerkennung unserer besonderen Unterstützungsleistung.

Das BMJV hat auch etwas dazu gesagt: Die ISG-Studie im Auftrag des Ministeriums soll herausfinden, »... welche Qualitätsstandards in der Praxis der rechtlichen Betreuung eingehalten werden, [...] und auf welche Ursachen mögliche Qualitätsdefizite zurückgeführt werden können«. Ich weise darauf hin: Das BMJV geht zumindest davon aus, dass es Defizite geben könnte. Und weiter: »Was wir brauchen ist eine qualitativ hochwertige Betreuung, denn nur so können wir gewährleisten, dass diese Vorgaben des internationalen Rechts in der Praxis wirksam werden.« Dieses Zitat stammt immerhin von Ministerialdirektorin Beate Kienemund (BMJV), gesagt im Rahmen des 4. Weltkongresses Betreuungsrecht vom 14. bis 16. September 2016 in Erkner.

Voraussetzungen für anerkannten Beruf

Das sind wunderbare Forderungen. Doch: Voraussetzungen für eine qualitativ hochwertige Arbeit sind Anerkennung und eine angemessene Ausstattung der professionellen Betreuung. Ohne die Anerkennung des Berufs, fachlich genauso wie materiell, wird es keine qualitativ hochwertige Betreuung geben, zumindest nicht als Standard. Ich will nicht in Abrede stellen, dass viele von uns bereits qualitativ hochwertige Betreuungsarbeit leisten, aber Standard ist dies nicht.

Vergegenwärtigen wir uns, welches die Voraussetzungen für die Anerkennung unseres Berufes sind:
- Betreuung als fachliche Tätigkeit definieren
- Betreuung als fachliche Tätigkeit bezahlen
- Realistische Zeitbudgets für die Einzelfallarbeit fassen
- Sachgerechte Berufsausbildung und Berufszulassung als eines der Schlüsselthemen
- Professionelle Qualitätsstandards finden und entwickeln, einen berufseigenen Wissenskanon entwickeln
- Für eine praxisrelevante Bezugswissenschaft sorgen

---

[4] Positionspapier der Staatlichen Koordinierungsstelle nach Artikel 33 UN-BRK: Das deutsche Betreuungsrecht im Lichte der UN-Behindertenrechtskonvention, Seite 9.

- Ein differenziertes Berufsrecht und eine qualifizierte Berufsaufsicht entwickeln

Wir sind in Vorleistung getreten und haben vor längerer Zeit Maßnahmen der Qualitätssicherung entwickelt. Ich erinnere an Fachdiskurse in Zeitschriften, an Tagungen, Buch- und Forschungsprojekte und Gutachten. Hinzu kommen die Entwicklung professioneller Verfahren und Methoden wie das Betreuungsmanagement sowie von Berufsethik und Leitlinien. Ich erinnere auch an das Qualitätsregister sowie an die Beschwerdestelle bzw. das Beschwerdemanagement des BdB und an die Schiedskommission. Eines ist klar: Ohne staatliche Anerkennung ist das alles nichts.

Ich schließe meinen Vortrag mit der Feststellung, dass die Politik am Zug ist. Ich meine das so differenziert, wie ich es eingangs bereits gesagt habe. Eine gute Politik schafft Rahmenbedingungen für eine qualitativ hochwertige Betreuung. Und es ist keine Frage des Geldes, sondern es ist eine Frage der Bewertung. Und dass die Politik handlungsfähig ist – und jetzt verstehen Sie mich bitte nicht falsch: es geht nur um Handlungsfähigkeit –, das hat sie gezeigt. Wenn sie einem Thema hohe Bedeutung beimisst, kann die Politik durchaus schnelle Handlungsfähigkeit zeigen. Im Rahmen der Asylpolitik haben wir Gott sei Dank gesehen, dass es schnelle Entscheidungen gibt.

Was muss Maßstab sein? Maßstab für die Bewertung der Betreuung ist die Würde derjenigen, die Betreuung brauchen. Und die Frage, die gestellt werden muss, ist: Welchen Wert hat die Würde unserer Klientinnen und Klienten? Das Fazit: Ohne Wenn und Aber: Professionelle Betreuung anerkennen!

Hinweis: Dieser Artikel basiert auf einem Vortrag des BdB-Vorsitzenden im Rahmen der Eröffnungsveranstaltung der BdB-Jahrestagung am 27.04.2017 in Radebeul.

Thorsten Becker
Korrespondenzadresse: thorsten.becker@bdb-ev.de

Chronologie der Betreuer/innenvergütung

Peter Winterstein

Entwicklung der Vergütung im Vormundschafts- und Pflegschaftsrecht

Ursprüngliche Regelungen des BGB

Das Bürgerliche Gesetzbuch (BGB) sah ab seinem Inkrafttreten am 1.1.1900 in den §§ 1835, 1836 BGB für Vormünder und Gebrechlichkeitspfleger ausdrücklich keine Vergütungsansprüche vor. In § 1836 BGB war in Absatz 1 Satz 1 Unentgeltlichkeit als Regelfall vorgeschrieben:

> Die Vormundschaft wird unentgeltlich geführt. Das Vormundschaftsgericht kann jedoch dem Vormund und aus besonderen Gründen auch dem Gegenvormund eine angemessene Vergütung bewilligen. Die Bewilligung soll nur erfolgen, wenn das Vermögen des Mündels sowie der Umfang und die Bedeutung der vormundschaftlichen Geschäfte es rechtfertigen.

Mittellose Mündel oder Pfleglinge hatten nur einen Anspruch auf einen ehrenamtlichen Vormund oder auf einen Amtsvormund. Selbst Ansprüche auf Ersatz von Aufwendungen bestanden nicht, auch nicht gegen die Staatskasse.
Ansprüche für berufliche Dienste konnten sich aus § 1835 BGB ergeben und richteten sich nur gegen Mündel oder Pfleglinge, die über ein entsprechendes Vermögen verfügten.

Entwicklung bis zum Betreuungsgesetz

Dieser Rechtszustand blieb bis 1970 unverändert. Das Nichtehelichengesetz vom 19.08.1969 (NEhelG) brachte zivilrechtlich eine weitgehende Gleichstellung nicht ehelich geborener Kinder mit ehelich geborenen

Kindern. Es war trotz verschiedener Urteile und Mahnungen des Bundesverfassungsgerichts lange nicht im Bundestag zustande gekommen. Mit dem NEhelG wurde zum 01.07.1970 in § 1835 BGB ein neuer Absatz 3 eingefügt, wonach bei Mittellosigkeit des Mündels der Einzelvormund einen Anspruch auf Ersatz seiner Aufwendungen gegen die Staatskasse hat. Amtsvormünder und Vormundschaftsvereine waren von solchen Ansprüchen ausgeschlossen. Ihre Stellung wurde aber durch Änderungen im Jugendwohlfahrtsgesetz gestärkt.

In München und an einigen anderen Orten entwickelte sich eine lokale Praxis, wonach Rechtsanwälte eine Reihe von Vormundschaften und Gebrechlichkeitspflegschaften – die im süddeutschen Raum fast vollständig Entmündigung und Vormundschaft verdrängten – übernahmen. Grund war die Schwierigkeit, ausreichend geeignete Vormünder und Pfleger/innen zu finden. Auch die Kommunen sahen sich außerstande, genügend Amtsvormünder zu stellen. Bei der Bestellung der Anwälte wurde darauf geachtet, dass neben lukrativen großen Vermögensverwaltungen auch mittellose Personen »mitverwaltet« wurden und so in einer Art Mischkalkulation (»Zuckerl und Zitronen«) nicht zu findende ehrenamtliche Vormünder und Pfleger/innen durch berufliche ersetzt wurden.

Münchener Rechtsanwält/innen erhoben 1975 und 1976 Verfassungsbeschwerden, die sich einerseits dagegen richteten, dass sie keine Vergütung bewilligt bekamen, und andererseits, dass sie nur Kleinaufwendungen wie Porto und etwaige Fahrtkosten ersetzt bekamen. Ihre Verfassungsbeschwerden hatten 1980 schließlich teilweise Erfolg.

Am 01.07.1980 entschied das Bundesverfassungsgericht (BVerfGE 54, 251 ff.), dass zwar grundsätzlich die Vormundschaft als unentgeltliches Ehrenamt ausgestaltet werden dürfe, dass aber nicht verlangt werden dürfe, dass berufliche Inanspruchnahme ohne Ausgleich erfolge. Der Leitsatz 2 lautet:

» 2. Werden einem Staatsbürger (hier: einem Rechtsanwalt) in großem Umfang Vormundschaften und Pflegschaften über mittellose Personen übertragen und kann dieser die damit verbundenen Aufgaben nur als Teil seiner Berufsausübung wahrnehmen, so sind in verfassungskonformer Auslegung des § 1835 II, III BGB als Aufwendungen auch Zeitaufwand und anteilige Bürokosten zu erstatten. «

Das Bundesverfassungsgericht verneinte also zwar formal einen Vergütungsanspruch, legte den Gerichten zur Bemessung des Anspruches auf Erstattung des Zeitaufwands nahe, sich an den Stundensätzen der Sachverständigenentschädigung zu orientieren. In der Folgezeit wurden dann auch Stundensätze für Rechtsanwält/innen entsprechend bewilligt.

In einigen Städten entstanden spezialisierte Rechtsanwaltspraxen, die auch Sozialarbeiter/innen und anderes Fachpersonal beschäftigten.

Besonders in Nordrhein-Westfalen wurden von kirchlichen und anderen gemeinnützigen Trägern mit Zuschüssen der Kommunen finanzierte Vormundschaftsvereine als Institution zum Vormund oder Pfleger bestellt. Sie beschäftigten Angestellte, meist Sozialarbeiter/innen, denen sie die Aufgaben übertrugen, unter anderem ehrenamtliche Vormünder und Pfleger/innen zu gewinnen und zu unterstützen.

Die Betreuer- und Vormündervergütung ab 1992

Entwicklung der Vergütung beruflicher Betreuung ab 01.01.1992 bis 2003

Gesetzeslage durch das Betreuungsgesetz

Mit dem Betreuungsgesetz (BtG) wurde ab 01.01.1992 – dem Regierungsentwurf vom 01.02.1989 (BtDrs. 11/4528 S. 14, S. 110) folgend – in § 1836 Abs. 2 BGB die Vergütung beruflicher Betreuung und Vormundschaft erstmals geregelt. Dabei handelte es sich um die gesetzgeberische Umsetzung der Entscheidung des Bundesverfassungsgerichts vom 01.07.1980.

Entsprechend der Entscheidung des Bundesverfassungsgerichts waren den berufsmäßigen Vormündern und Gebrechlichkeitspfleger/innen bis Ende 1991 bei mittellosen Betroffenen ein Mindestsatz von 40 DM gezahlt worden – orientiert an der Entschädigung von Sachverständigen. Das BtG nahm für die Stundensätze auf den Höchstbetrag für die Entschädigung von Zeugen (20 DM) Bezug, da erwartet wurde, dass auch andere Berufsgruppen als Rechtsanwält/innen nunmehr berufsmäßig tätig werden würden und daher eine Orientierung an den höheren Entschädigungen für Sachverständige als Mindestsatz nicht gerechtfertigt sei.

§ 1836 Abs. 2 BGB sah also eine Grundvergütung von mindestens 20 DM je Stunde vor. Diese konnte abhängig von den jeweiligen Einzelfällen bis zum Dreifachen (60 DM) erhöht werden, wenn besondere Fachkenntnisse erforderlich waren oder die Fallarbeit mit besonderen Schwierigkeiten verbunden war.

Weiterhin war eine Erhöhung bis zum Fünffachen, also 100 DM, vorgesehen, wenn im Einzelfall Umstände hinzutraten, die die Besorgung bestimmter Angelegenheiten außergewöhnlich erschweren. Bei Vermögenden galten diese Stundensatzbegrenzungen nicht, sodass es hier bei Rechtsanwält/innen auch zu einem Stundensatz von 300 DM kommen konnte (z. B. OLG Schleswig FamRZ 1995, 46).

Ab 01.01.1992 galt also für besondere Fälle ein Höchststundensatz, der umgerechnet 51,13 EUR betrug. 1994 wurden die Stundensätze durch Erhöhungen bei der Zeugen- und Sachverständigenentschädigung auf 25 DM bis 125 DM (63,91 EUR) erhöht. In den »neuen Ländern« waren die Stundensätze zunächst 20 Prozent, später um 10 Prozent abgesenkt. Erst ab 01.07.2004 galten in Ost und West gleiche Stundensätze.

Praxis

In den Jahren ab 1992 entwickelten sich in puncto Höhe der abrechenbaren Zeiten außerordentlich viele interdisziplinäre Streitigkeiten, z. T. ging es um Minuten (die berühmte Tasse Kaffee: für Sozialarbeiter/innen die vertrauensbildende Maßnahme, die zur Vorbereitung einer vom Betreuten zu fällenden Entscheidung dient, für Rechtspfleger/innen Freizeitvergnügen der Betreuer/innen ohne rechtlichen Bezug). Daneben tat sich die Justiz auch mit den Kriterien zur Höhe der Stundensätze schwer, weil bei Vereinsmitarbeiter/innen z. T. unterstellt wurde, dass die Wohlfahrtsverbände die Arbeit sowieso anderweitig bezahlt bekämen.

Auch gab es keine einheitliche Rechtsprechung zur Frage der Umsatzsteuer. In manchen Landgerichtsbezirken wurde sie extra ausgewiesen, in anderen wurde sie »als im Stundensatz enthalten« behandelt, mit der Konsequenz, dass in etlichen Landgerichtsbezirken der Mindeststundensatz von 20 bzw. 25 DM inklusive Steuer ausgewiesen wurde, sodass netto unterhalb der Mindeststundensätze bezahlt wurde. Da der Rechtsweg nach dem ZSEG (Zeugen- und Sachverständigenentschädigungsgesetz) in der Beschwerdeinstanz bei den Landgerichten endete, gab es keine Vereinheitlichung durch die Oberlandesgerichte und schon gar keine Vereinheitlichung auf Bundesebene.

Besonders in den »neuen Ländern« Mecklenburg-Vorpommern, Brandenburg, Sachsen-Anhalt, Thüringen und Sachsen wurden die kommunalen sozialen Dienste stark abgebaut. Gleichzeitig konfrontierte man den/die einzelne/n Bürger/in mit vielen komplexen Anforderungen bei Antragstellungen für soziale Leistungen. Arbeitslosigkeit, ein in DDR-Zeiten weitgehend unbekanntes Phänomen, und ihre Folgen führten zu hohem Unterstützungsbedarf, weil viele Menschen ohne Hilfe völlig überfordert waren. In nicht geringem Maße füllte das System der rechtlichen Betreuung die Lücken der fehlenden (kommunalen) sozialen Hilfen.

Die Verrechtlichung der Arzt-Patienten-Beziehung bei medizinischen Behandlungen, eine Folge der Rechtsprechung zur Haftung bei ärztlichen Behandlungsfehlern, führte zu neuen Betreuer/innen-Bestellungen. Grund war, dass die Rechtsprechung bei zweifelhafter Einwilligungsfähigkeit eines Patienten/einer Patientin nicht mehr die paternalistische Fürsorge durch den Arzt/die Ärztin als Legitimation akzeptierte, sondern die Sicherung der Selbstbestimmung des Patienten/der Patientin (erforderlichenfalls über eine/n vom Gericht bestellte/n Vertreter/in) verlangte. Auch dies führte zu einer starken Zunahme der Betreuer/innen-Bestellungen.

Erste Reform durch das Betreuungsrechtsänderungsgesetz

Neuregelung im BGB und Schaffung des Berufsvormündervergütungsgesetzes

Ab November 1996 wurde daher das Gesetzgebungsverfahren zum (ersten) Betreuungsrechtsänderungsgesetz betrieben, dass die Fallzahlen und die Kosten für die Justiz begrenzen sollte. Klargestellt wurde, dass es nicht um soziale, sondern um rechtliche Betreuung geht. Zudem sollten durch Einführung von drei festen Berufsqualifikationsklassen (Berufsbetreuer/in ohne nutzbare Fachkenntnisse, Berufsbetreuer/in mit nutzbaren Fachkenntnissen vergleichbar einer Lehre, Berufsbetreuer/in mit nutzbaren Fachkenntnissen vergleichbar einem Hochschulabschluss) mit festen, aber unterschiedlichen Stundensätzen (35 DM, 45 DM und 60 DM), Streit vermieden und Kosten gespart werden. Der

Vorschlag der Bundesregierung im Regierungsentwurf, bei besonderen Anforderungen eine Erhöhungsmöglichkeit um 15 DM je Stunde vorzusehen, entfiel auf Wunsch des Bundesrates. Die Stundensätze waren damit in ihrem Niveau deutlich abgesenkt worden, um Kosten des Justizfiskus zu sparen.

Das Berufsvormündervergütungsgesetz ist als Art. 2a des Betreuungsrechtsänderungsgesetzes vom 25. Juni 1998 (BGBl I S. 1580, 1586) am 01.01.1999 in Kraft getreten. Ab 01.01.2002 sind die Beträge auf 18, 23 und 31 EUR umgestellt worden (Art. 29 des Gesetzes vom 13. Dezember 2001 BGBl I S. 3574).

Nach § 1836b Satz 1 BGB war es ab 1.1.1999 auch möglich, bei vorhersehbarem Aufwand einen Festbetrag als Vergütung festzusetzen, wenn die Ausschöpfung der vorgesehenen Zeit durch den Betreuer gewährleistet sei. Damit ließ sich für Betreuer/innen die umfangreiche Dokumentation des Aufwands und für die Gerichte die oft vergebliche Kontrolle der Darlegungen ersparen. Andererseits konnten die Gerichte auch die abrechenbare Zeit von vornherein begrenzen.

Das Betreuungsrechtsänderungsgesetz war ein tiefer Einschnitt in die Praxis, weil berufliche Betreuer/innen bis dahin mit vielen verschiedenen Ausbildungen und Qualifikationen als Berufsbetreuer/innen bestellt worden waren, vor allem, um den wachsenden Bedarf zu decken und ohne einzelne Berufsbetreuer/innen mit zu hohen Fallzahlen zu belasten. Auch hier hatte sich keine einheitliche Rechtsprechung entwickelt. In vielen Gerichtssprengeln wurde eine Fallzahl von bis zu 40 als Orientierung gewählt, in anderen Gegenden wurde schon ab 30 nicht mehr bestellt. Aber es gab auch etliche Gerichte, die sich nicht für Fallzahlen interessierten. Die Pauschalierung nach § 1836b BGB wurde in der Praxis in weniger als zehn Prozent der Verfahren angewendet, obwohl sie erhebliches Potenzial hatte, Aufwand und Streitigkeiten zu vermeiden. Um den langjährigen Berufsinhaber/innen gerecht zu werden, die von ihrer Ausbildung her nach der neuen Gesetzeslage in die Eingangsstufe »ohne nutzbare Fachkenntnisse« einzustufen gewesen wären, wurden die Länder ermächtigt, durch Landesrecht Ausbildungs- und Prüfungsordnungen zu erlassen. Diese erlaubten nach drei bzw. fünf Jahren Berufserfahrung, nach entsprechender (berufsbegleitender) Zusatzausbildung sowie einer Prüfung die Einstufung in eine höhere Berufsqualifikationsklasse. Nicht alle Länder haben von dieser Ermächtigung Gebrauch gemacht. Nach einer Entscheidung des Bundesverfassungsgerichts mussten jedoch alle gesetzliche Regelungen schaffen, die in einem anderen Bundesland abgelegte Prüfung anerkennen.

In der Praxis wurde mit der Neuregelung zwar etwas mehr Klarheit zu den Stundensätzen erzielt, aber der Streit um die abrechnungsfähige Zeit ging weiter. Ob eine Handlung, insbesondere ein Gespräch mit dem betroffenen Menschen, für die »rechtliche Betreuung« erforderlich war oder überflüssig, wurde in vielen Einzelfällen ausgestritten. Zum Teil fielen Entscheidungen, dass mit Bewohner/innen in Einrichtungen keinesfalls durchschnittlich mehr als einmal monatlich ein persönliches Gespräch erforderlich sei. Etliche Rechtspfleger/innen der Gerichte und berufliche Betreuer/innen wandten nach wie vor erhebliche Teile ihrer Arbeitszeiten für Auseinandersetzungen um die Erforderlichkeit der geltend gemachten Zeiten auf.

Rechtstatsächliche Untersuchung der Praxis

Eine rechtstatsächliche Untersuchung im Auftrag des Bundesjustizministeriums durch das Institut für Sozialforschung in Köln[1] erbrachte durch die Auswertung von 2.888 Betreuungsverfahrensakten aus dem Jahr 2000 eine Vielzahl von Daten zur sozialen und gesundheitlichen Situation der Betreuten und anhand von 1.808 Akten zum Zeitaufwand für diese Betreuungen. Es wurde u. a. untersucht, inwieweit die erforderliche Zeit für die rechtliche Betreuung von der diagnostizierten Erkrankung oder Behinderung, dem Aufenthaltsort, der Dauer der Betreuung oder dem Alter der betroffenen Menschen abhängt. Daneben wurden eine Reihe Daten zu ihrer familiären und sozialen Situation, zur Praxis der gerichtlichen und behördlichen Verfahren und zur Querschnittstätigkeit der Betreuungsvereine erhoben. Den Schwerpunkt bildete die Untersuchung der berufsmäßig geführten Betreuungen, die damals etwa 30 Prozent Anteil an allen Verfahren hatten.

Arbeitsgruppe »Betreuungsrecht«

Diese Erhebungen wurden Grundlage der Arbeiten der Bund-Länder-Arbeitsgruppe »Betreuungsrecht«, die 2001 von der Justizministerkonferenz den Auftrag erhalten hatte, »konkrete Lösungsvorschläge zu Änderungen

---

[1] SELLIN, Christine/ENGELS, Dietrich: Qualität, Aufgabenverteilung und Verfahrensaufwand bei rechtlicher Betreuung, Bundesanzeigerverlag Köln 2003.

des Betreuungsrechts zu erarbeiten, die dazu beitragen, die Zahl der Betreuungsfälle zu reduzieren, fehlgeleitete Ressourcen im Interesse der eigentlichen Betreuungsarbeit zu bündeln und die Eingriffe in das Selbstbestimmungsrecht der Betroffenen auf das Notwendige zu beschränken«. 2002 wurde der Auftrag erweitert, auch Handlungsempfehlungen mit dem Ziel zu entwickeln, die Kosten wesentlich zu senken.

Die Bund-Länder-Arbeitsgruppe legte ihren Abschlussbericht zur Justizministerkonferenz im Juni 2003 vor.[2] Er enthielt neben Vorschlägen zur Betreuungsvermeidung durch Stärkung der Vorsorgevollmacht u. a. Vorschläge für eine gesetzliche Vertretungsmacht für Ehepartner/innen und Angehörige in Gesundheitsangelegenheiten und deren Finanzierung, insbesondere aber Vorschläge zur Pauschalierung der Vergütung und des Aufwendungsersatzes.

Diese Vorschläge sahen vor, das System der Vergütung und des Aufwendungsersatzes nicht mehr am Einzelfall zu orientieren, sondern an Zeitpauschalen, abhängig von der Dauer der Betreuung und der Wohnsituation des/der Betreuten. Das bestehende Vergütungssystem könne seine Zielsetzung nicht erreichen, trage nicht zur Qualität der Betreuung bei, benachteilige im Gegenteil gut ausgebildete und effektiv arbeitende Berufsbetreuer/innen und verursache einen erheblichen Zeit- und Personalaufwand, der den Betreuten nicht zugutekomme.

Die Arbeitsgruppe schlug eine Orientierung am Median der ermittelten Stundenwerte vor, nicht am arithmetischen Mittel. Offizielle Begründung war die Vermeidung einer Orientierung auch an Extremwerten, inoffiziell ging es natürlich um Einsparmöglichkeiten. Eine Orientierung unterhalb des arithmetischen Mittels ist insoweit plausibel, als durch das neue System Zeit im Bereich der Dokumentationstiefe und im Streitaufwand mit den Gerichten gespart wird.

Die Höhe der Stundensätze sollte unverändert bleiben, der Aufwendungsersatz für Nebenkosten allerdings pauschaliert werden, da in etlichen Verfahren auch hierum heftig gestritten worden war. Entsprechend den Ergebnissen der ISG-Studie und den Haushaltszahlen einiger Länder sollte ein Betrag von 3 EUR je Stunde angesetzt werden. Dolmetscherkosten waren nicht Gegenstand dieser Berechnungen zum Aufwand.

Bei vermögenden Betreuten wurde geplant, es bei der Einzelfallabrechnung nach individuellem Aufwand zu belassen.

---

2 Betrifft Betreuung Band 6, http://www.bgt-ev.de/betrifft_betreuung.html (Stand: 14.11.2017)

Die zweite Reform durch das 2. Betreuungsrechtsänderungsgesetz (BtÄndG)

Das 2. BtÄndG

Am 19.Dezember 2003 hat der Bundesrat den Entwurf des 2. BtÄndG beschlossen, der in wesentlichen Teilen auf dem Bericht der Arbeitsgruppe beruhte. Dieser Gesetzentwurf sah – neben umfangreichen gesetzlichen Vertretungsregelungen für Ehegatt/innen und Kinder von Betroffenen sowie einer Regelung zu ambulanter Zwangsbehandlung – einen Höchststundensatz für die Vergütung der beruflichen Betreuer/innen von 31 EUR zuzüglich eines pauschalen Aufwendungsersatzes in Höhe von 3 EUR, also 34 EUR inklusive Aufwendungen, vor (BtDrs. 15/2494, § 1908l BGB i.V.m. § 1 Berufvormündervergütungsgesetz). Er lag damit noch unter dem 1992 zur Einführung des Betreuungsgesetzes beschlossenen Höchststundensatzes. Dies war dem Bestreben des Bundesrates geschuldet, durch das 2. BtÄndG und insbesondere durch die Änderungen bei der Vergütung massiv Kosten einzusparen.

Dieses war das Hauptziel. Daneben wurde angestrebt, die Streitigkeiten um die abrechenbare Zeit zu beenden. Herausgekommen ist letztlich ein System, das 16 Zeitpauschalen festlegt, abhängig von der Dauer der Betreuung, dem Aufenthaltsort des/der Betreuten und dem Vermögensstand. Der Einbezug der Vergütung für die vermögenden Klient/innen ist erst in den Berichterstattergesprächen im Rechtsausschuss des Bundestages beschlossen worden.

Zur Überraschung der Länder wollte der Rechtsausschuss des Bundestages in diesen Beratungen Anfang 2005 den Stundensatz beträchtlich erhöhen, statt den Vorschlägen des Bundesrates zu folgen. Offensichtlich hatte es hinter den Kulissen eine erfolgreiche Lobbyarbeit der Berufsbetreuer/innen bei Abgeordneten gegeben. Es wurde ein politischer Kompromiss gefunden, der durch den Inklusiv-Stundensatz unter Einbeziehung der unterschiedlichen Umsatzsteuersätze für die Betreuungsvereine netto günstiger war als für die freiberuflichen Betreuer/innen (7 % bei Vereinen, 16 % bei Berufsbetreuer/innen). Mit diesem Inklusiv-Stundensatz sollte auch über die Justiz ein Teil der Querschnittsarbeit der Betreuungsvereine mitfinanziert werden (Beschlussempfehlung und Bericht des Rechtsausschusses des Bundestages BtDrs. 15/4874, S. 31).

Das zum 1. Juli 2005 neu geschaffene Vormünder- und Betreuervergütungsgesetz (VBVG) regelte die Feststellung der Berufsmäßigkeit, die

Stundensätze der Vormünder, die besonderen Stundensätze der Betreuer/innen und die 16 unterschiedlichen Stundenansätze, die Besonderheiten bei Vereins- und Behördenbetreuer/innen, eine Fälligkeit der Vergütung nach drei Monaten und eine Mitteilungspflicht hinsichtlich der Zahl und der Vergütung beruflicher Betreuungen. Auch hatten die Länder nach wir vor die Möglichkeit, Voraussetzungen für vergütungserhöhende Umschulungen und Fortbildungen zu regeln.

Das Einsparziel des Bundesrates ist aufgrund der beträchtlichen Erhöhung der Stundensätze völlig verfehlt worden. Auch die betreuungsvermeidenden Vorschläge zu gesetzlichen Vertretungsregelungen für Ehegatt/innen und Angehörige wurden von den Bundestagsfraktionen einstimmig abgelehnt. Das 2. BtÄndG entpuppte sich in der Folgezeit aus Sicht der Länder als erheblich kostentreibend.

Die Entwicklung der Vergütung nach 2005

Das System der neuen Vergütung der Betreuer/innen mit den Zeitpauschalen und den Inklusivstundensätzen von 27 EUR, 33,50 EUR und 44 EUR gilt seit 1. Juli 2005 unverändert. Vormünder erhalten seither Stundensätze von 19,50 EUR, 25 EUR und 33,50 EUR, allerdings besteht hier nach wie vor ein zusätzlicher Anspruch auf Ersatz der Aufwendungen.

Veränderungen durch das Steuerrecht

Bei der Betreuer/innnenvergütung erwies sich das System durch Änderungen der Rechtsprechung im Steuerrecht als kurzlebig. Zunächst entfiel die Verpflichtung der Betreuungsvereine zur Zahlung von Umsatzsteuer auf Betreuerleistungen. Im Urteil vom 17.02.2009 entschied der Bundesfinanzhof (BFH, Az. XI R 67/06, BtPrax 2009, 120–122), dass sich ein Betreuungsverein, der einem Wohlfahrtsverband angehört und gemeinnützigen Zwecken dient, hinsichtlich der Umsatzsteuer bei beruflichen Betreuungen durch seine Angestellten unmittelbar auf eine Steuerbefreiung nach der Richtlinie 77/388/EWG berufen kann. Bei der Ausführung von Betreuungen i. S. der §§ 1896 ff. BGB handele es sich um eng mit der Sozialfürsorge und der sozialen Sicherheit verbundene Dienstleistungen i. S. von Art. 13 Teil A Abs. 1 Buchst. g der Richtlinie 77/388/EWG. Der Begriff der »Sozialfürsorge« im Sinne dieser Richtlinie wird also vom BFH weiter und anders als im sonstigen deutschen Recht interpretiert. Die Entscheidung hatte zur Folge, dass nicht nur ab 2005, sondern schon für die Zeit davor die Umsatzsteuerpflicht der Betreuungsvereine in Höhe von 7 Prozent auf Betreuungsleistungen nach §§ 1896 ff. BGB entfiel.

Hinsichtlich eines/einer freiberuflichen Einzelbetreuers/Einzelebetreuerin entschied der BFH am 25.04.2013 (Az. V R 7/11, BtPrax 2013, 153), dass entsprechend der Richtlinie 77/388/EWG auch dessen/deren Leistungen umsatzsteuerfrei sind. Vorher hatte der BFH das Verfahren zunächst ausgesetzt und dem Gerichtshof der Europäischen Union (EuGH) vorgelegt. Dieser hielt eine Gleichbehandlung mit den Betreuungsvereinen für geboten (EuGH DStRE 2013, 423). Damit entfiel für die beruflichen Betreuer/innen die Umsatzsteuer von 16 Prozent für 2005 und 19 Prozent ab 2006.

Durch diese steuerrechtlichen Veränderungen ist im Ergebnis durch das 2. BtÄndG für die berufliche Einzelfallarbeit ein Nettovergütungssprung in der höchsten Vergütungsstufe um 10 EUR erfolgt, nämlich von 34 EUR (31 EUR zuzüglich 3 EUR Aufwendungsersatz) auf 44 EUR.

Veränderungen im Völkerrecht – die UN-Behindertenrechtskonvention

Durch die Annahme der UN-Behindertenrechtskonvention (UN-BRK) und ihre Umsetzung in ein Bundesgesetz ist seit dem 26.03.2009 das geltende Vergütungssystem überholt. Das VBVG hat Betreuung durch die Pauschalierung auf rechtliche Vertretung und Verwaltung zu reduzieren versucht, was schon immer den Grundsätzen der Betreuer/innenpflichten nach § 1901 BGB widersprach.

Nunmehr ist bei der gebotenen völkerrechtsfreundlichen, konventionskonformen Auslegung des Betreuungsrechts die Pauschalierung keine angemessene Grundlage mehr für die Vergütung. Art. 12 UN-BRK erfordert, dass Betreuer/innen die Betreuten beraten, unterstützen und nur, wenn es zu ihrem Schutz unerlässlich ist, sie vertreten. Betreuer/innen sind verpflichtet, nicht schnell ihre eigenen Vertretungsentscheidungen zu treffen, sondern die Betroffenen bei deren eigenen Entscheidungen zu unterstützen und ihren Willen und ihre Präferenzen zu beachten.

Den bisher geltenden Zeitpauschalen ist damit jede Rechtfertigung abhandengekommen.

Sie sind konventionswidrig, weil sie erkennbar den Anreiz schaffen, nicht eine durch Betreuer/innen unterstützte eigene Entscheidung des Betroffenen herbeizuführen, sondern stellvertretend schnell zu verwalten und zu entscheiden. Nicht das erforderliche Gespräch – das auch § 1901 Abs. 3 Satz 3 BGB bereits seit 1992 fordert – wird honoriert, sondern das Ansammeln von Fällen. Nicht der im Einzelfall dem Bedarf des/der Betreuten entsprechende Aufwand wird vergütet. Ergebnis: Der/die Betreuer/in, der/die wegen seiner/ihrer besonderen Qualifikationen bei besonders aufwendigen Betreuungen bestellt wird, erhält weniger Vergütung als der-/diejenige, der/die – womöglich ungelernt – möglichst viele »Verwaltungen« führt.

Insgesamt erfordert die UN-BRK eine grundlegende Überprüfung der Strukturen des Betreuungswesens als Bestandteil des Erwachsenenschutzes.

Veränderungen im Sozialrecht

Seit der Konzipierung des Vergütungssystems durch das 2. BtÄndG sind vielfältige, auch grundlegende Veränderungen am Sozialleistungssystem vorgenommen worden, die das Ziel hatten, Leistungsempfänger eben nicht nur zu fördern, sondern sie auch zu fordern (Stichwort Agenda 2010 und Hartz-Gesetzgebung). Davon sind Klient/innen mit rechtlicher Betreuung vielfach betroffen. Der gesetzlich verursachte zeitliche Mehraufwand ist in den Stundenansätzen des VBVG schon deshalb nicht enthalten, weil Verfahren aus dem Jahr 2000 ausgewertet wurden. Auch Pflegereform und Bundesteilhabegesetz sind aktuelle Veränderungen, die besonders rechtlich betreute Personen betreffen.

Durch eine Änderung in der Durchführungsverordnung zu § 90 Abs. 2 Nr. 9 des Zwölften Buches Sozialgesetzbuch (BR Drs. 50/17) ist zum 01.04.2017 der Vermögensschonbetrag in der Sozialhilfe erhöht worden. Die Höhe der kleineren Barbeträge und sonstiger Geldwerte beträgt für jede volljährige leistungsberechtigte Person sowie für jede sonstige Person, deren Einkommen und Vermögen bei der Gewährung von Sozialhilfe zu berücksichtigen ist, 5.000 EUR. Diese Anhebung des Schonvermögens ist aus Sicht der Betroffenen sehr begrüßenswert.

Sie hat dazu geführt, dass weniger Betreute nach dem pauschalen Vergütungssystem als vermögend einzustufen sind. Damit sinkt in diesen Fällen die Zahl der für berufliche Betreuung im Jahr abzurechnenden

Stunden um etwa 12, weil derzeit bei dem Status »vermögend« zwischen 0,5 und 1,5 Stunden je Monat mehr vergütet wird. Gleichzeitig wird der Justizfiskus zum Schuldner bei diesen Fallkonstellationen.

Veränderungen der wirtschaftlichen Rahmenbedingungen

Die Stundensätze sind seit dem 1. Juli 2005 unverändert geblieben, auf einem Niveau, das unterhalb der 1992 eingeführten (Höchst-)Stundensätze liegt. Seither sind nach den Daten des Statistischen Bundesamtes die Verbraucherpreise um 16,9 Punkte bis Oktober 2017 gestiegen (01.01.2010 = 100). Die Tariflöhne im Bereich des TVöD sind für Sozialarbeiter/innen in diesem Zeitraum um 29,2 Prozent gestiegen.

Die gegenwärtige wirtschaftliche Lage der beruflichen Betreuer/innen und insbesondere der Betreuungsvereine ist durch die allgemeinen Preissteigerungen und die Tariferhöhungen im Sozialbereich seit 2005 kritisch.

Im 2. Zwischenbericht der rechtstatsächlichen Untersuchung des ISG zur Qualität in der rechtlichen Betreuung[3] wird dargestellt, dass die Bruttoeinnahmen der an der Studie beteiligten freiberuflichen Betreuer/innen im Jahr 2014 durchschnittlich bei 64.619 EUR lagen, was nach Abzug von (Sozial-)Versicherungen, Arbeitsplatz-, Sach- und sonstigen Nebenkosten einem Jahresbrutto (vor Steuern) von 37.875 EUR entsprach.

Die Kosten eines Betreuungsvereins für eine/n angestellte/n Sozialarbeiter/in der Vergütungsgruppe S 12 Stufe 5 betrugen 78.545 EUR. Das erforderte bei einem Stundensatz von 44 EUR abrechenbare 1.785 Jahresarbeitsstunden. Von 2014 bis 2016 sind die Tarifvergütungen in dieser Gruppe um weitere 6,2 Prozent gestiegen. Das führte zu einem Jahresbruttolohn von mehr als 50.000 EUR, Arbeitgebergesamtkosten von knapp 83.000 EUR und dem Erfordernis, für eine Kostendeckung 1882 Jahresarbeitsstunden abrechnen zu müssen.

Nach den im öffentlichen Dienst z. B. des Landes Mecklenburg-Vorpommern für Personalkosten zugrunde zu legenden Daten war 2016/2017 bei einer Vollzeitkraft mit 40-Stunden-Woche von 1536 Arbeitsstunden im Jahr auszugehen.[4] Die Differenz zu den erforderlichen

---

3 http://www.bmjv.de/SharedDocs/Downloads/DE/PDF/Berichte/2_Zwischenbericht_Qualitaet_Betreuung.pdf?__blob=publicationFile&v=2 (Stand: 14.11.2017)
4 Gebührenerlass des Finanzministerium MV vom 08.04.2016 Az. IV-H-00000-2014/001.

Jahresarbeitsstunden für Betreuungsvereine liegt in der Größenordnung von 350 Jahresarbeitsstunden. (In dem genannten Gebührenerlass wird übrigens für den gehobenen Dienst, der wie bei Sozialarbeiter/innen einen Fachhochschulabschluss voraussetzt, mit einem Stundensatz von 64,50 EUR für Personal- und Sachkosten kalkuliert.)

Das gescheiterte Gesetz

Am 18. Mai 2017 hat der Bundestag das »Gesetz zur Verbesserung der Beistandsmöglichkeiten unter Ehegatten und Lebenspartnern in Angelegenheiten der Gesundheitssorge und zur Anpassung der Betreuer- und Vormündervergütung« beschlossen. Es sah eine Erhöhung der Vergütung um 15 Prozent vor. Der Gesetzentwurf ist jedoch im Bundesrat vertagt worden und fällt jetzt nach Ende der Legislaturperiode der Diskontinuität anheim. Der Versuch eines gewissen Inflationsausgleichs ist damit gescheitert.

Die Justizministerkonferenz hat im November 2017 beschlossen, eine Arbeitsgruppe zusammen mit den Sozialministerien zu bilden, um eine umfassende Struktur- und Reformdebatte über das Betreuungswesen zu führen. Beide Seiten treten dafür ein, vorgelagerte Hilfs- und Unterstützungsmöglichkeiten im Rahmen des Sozialrechts stärker zu nutzen und die rechtliche Betreuung auf ihren Kernbereich zu reduzieren.

Die vom BMJV in Auftrag gegebenen rechtstatsächlichen Untersuchungen haben im Dezember 2017 Qualitätsmängel und weitere Probleme in der Praxis beschrieben. Dem Zweiten Zwischenbericht der Qualitätsuntersuchung war zu entnehmen, dass die berufliche Einzelfallarbeit zu über 40 Prozent unterfinanziert ist: Der Stundenansatz, also die Zeitpauschalen, sind knapp 25 Prozent zu niedrig, die Höhe des Stundensatzes ist ebenfalls nicht kostendeckend und bedurfte bereits 2016 einer Erhöhung um mehr als 15 Prozent.

Die Arbeiten an einer grundlegenden Reform, nicht nur des Vergütungssystems, werden einige Jahre in Anspruch nehmen. Sie sind aber unerlässlich, um festgestellte Praxisdefizite zu beheben und ein zukunftsfähiges Betreuungswesen zu entwickeln, das den Bedürfnissen behinderter und kranker Menschen besser gerecht wird, als es im heutigen System gelingt.

Fazit

Wir benötigen Zeit, um die Qualität des Betreuungswesens zu verbessern. Das Betreuungswesen ist ein komplexes System, bei dem Änderungen in einzelnen Bereichen immer auch Wirkungen in anderen Bereichen zeigen bzw. zeigen können. Deshalb benötigen wir die Einführung einer fortlaufenden Berichterstattung zum Betreuungswesen.

Peter Winterstein
Korrespondenzadresse: peter_winterstein@web.de

Die Politik des BdB im Lichte der 2017 abgegebenen Stellungnahmen

Dirk Brakenhoff

Der Bundesverband der Berufsbetreuer/innen e. V. (BdB) ist die größte Interessenvertretung des Berufsstandes »Betreuung«, vertritt berufsständische Belange bei Politik und in der Öffentlichkeit und engagiert sich aktiv für die materiellen und fachlichen Interessen seiner Mitglieder. Unter berufsethischen Gesichtspunkten ist der BdB gleichzeitig Lobbyist für alle Klient/innen rechtlicher Betreuung.

Die Wege, diese Interessen wahrzunehmen, sind vielfältig: Im Rahmen politischer Gespräche, auf Tagungen und durch diverse mediale Aktivitäten engagiert sich der BdB für die genannten Anliegen. Auch Stellungnahmen, z. B. zu Gesetzesinitiativen sind ein Weg, die Positionen vor Politik und Öffentlichkeit deutlich zu machen. Sie sollen helfen, Standpunkte plausibel zu begründen und Prozesse mitzugestalten. Kurzum: Stellungnahmen sind wichtig, die berufsständischen Interessen zu wahren, einzufordern und deutlich zu machen.

Die Anlässe, für den BdB Stellung zu beziehen, konnten 2017 unterschiedlicher nicht sein:

- **Januar 2017:** Entwurf eines Gesetzes zur Änderung der materiellen Zulässigkeitsvoraussetzungen von ärztlichen Zwangsmaßnahmen
- **März 2017:** Beistandschaft unter Ehegatten in Angelegenheiten der Gesundheitssorge
- **März 2017:** Die Erhöhung der Vergütung für beruflich tätige Vormünder und Betreuer/innen
- **März 2017:** Überarbeitete Empfehlungen für Betreuungsbehörden bei der Betreuer/innenauswahl
- **Februar & Dezember 2017:** BMJV-Studie »Qualität in der rechtlichen Betreuung«

Dieser Beitrag fasst zunächst die vom BdB vorgelegten Stellungnahmen des Jahres 2017 zusammen, wobei die BMJV-Studie zur Qualität in der rechtlichen Betreuung aufgrund der Bedeutsamkeit am umfangreichsten behandelt wird.

Der zweite Teil dieses Beitrages geht der Frage nach, welche Bedeutung die zugrunde legenden Themen und Entwicklungen der dargestellten Stellungnahmen vor dem Hintergrund der Regelungen und Bestimmungen der UN-Behindertenrechtskonvention (UN-BRK) haben. Mit der Ratifizierung der UN-BRK gewann der menschenrechtliche Diskurs über Behinderung enorm an Bedeutung und läutete einen globalen Paradigmenwechsel ein. Die Inhalte und Ansatzpunkte der UN-BRK können als Kompass für die zukünftige Entwicklung des Betreuungsrechts angesehen werden. Daher werden wesentliche Argumentationen und Inhalte der Stellungnahmen noch einmal gesondert aus der Perspektive der UN-BRK betrachtet und bewertet.

Die Erhöhung der Vergütung für beruflich tätige Vormünder und Betreuer/innen

Der BdB setzt sich neben den fachlichen insbesondere auch für die materiellen Interessen seiner Mitglieder ein. Beide Themen stehen sich in der Qualitätsdebatte sehr nah: Eine leistungsgerechte Vergütung stellt einen wichtigen Aspekt und eine grundlegende Voraussetzung qualitativ hochwertiger Betreuung dar.

Die Vergütung für rechtliche Betreuer/innen wurde mit dem 2. Betreuungsrechtsänderungsgesetz 2005 neu geregelt und seither nicht mehr angepasst, ungeachtet steigender Preise und Personalkosten sowie erheblich gestiegener Anforderungen. Unbezahlte Arbeit und/oder eine immer weitere Erhöhung der Fallzahlen aufgrund der prekären Vergütungslage haben zur Folge, dass die gebotene persönliche Betreuung und der Grundsatz der Unterstützten Entscheidungsfindung vielfach vernachlässigt werden mussten und auch im Übrigen Qualitätseinbußen bei der Betreuungsausübung nicht ausbleiben.

Im Januar 2017 kündigten Koalitionsfraktionen und das Bundesministerium der Justiz und für Verbraucherschutz (BMJV) eine Gesetzesinitiative zur Erhöhung der Vergütung um 15 Prozent an. Im Februar 2017 beschloss das Bundeskabinett eine Formulierungshilfe für einen Änderungsantrag zum Entwurf des Bundesrates für ein »Gesetz zur Verbesserung der Beistandsmöglichkeiten unter Ehegatten und Lebenspartnern«. Die Änderung des »Gesetzes über die Vergütung von Vormündern und Betreuern« wurde also mit der genannten Gesetzesinitiative gekoppelt. Vorausgegangen war ein hohes Maß an Engagement des BdB und einer Vielzahl seiner Mitglieder. Öffentlichkeitswirksame Kampagnen wurden durchgeführt, tragfähige Kontakte zu Politiker/innen aller Parteien sowie Vertreter/innen von Ministerien und Behörden aufgebaut, um eine Erhöhung der Vergütung zu erwirken. Bemerkenswert ist, dass in der Begründung für die Vergütungserhöhung ausschließlich auf die Preissteigerungen seit Inkrafttreten der Pauschalierung Bezug genommen wurde und nicht auf die zu diesem Zeitpunkt bereits vorliegenden empirischen Daten des zweiten Zwischenberichts der Qualitätsstudie, die eine noch deutlichere Erhöhungen gerechtfertigt hätte (vgl. BT-Drucksache 18/10485, S. 7.).

Im März 2017 hörte der Rechtsausschuss des Bundestages diesbezüglich Expert/innen des Betreuungsrechts an, u. a. auch den BdB. Der BdB begrüßte eine mögliche Vergütungserhöhung, wenn auch nur als einen ersten Schritt. Gleichzeitig wies der BdB darauf hin, dass das gesamte Vergütungssystem reformiert werden müsse, mit dem Ziel einer konventionsgerechten Betreuungsführung, ausgestaltet als System der Unterstützten Entscheidungsfindung. Zur Ehegattenbeistandschaft äußerte sich der BdB in diesem Zusammenhang eher zurückhaltend kritisch.

Nachdem der Bundestag das Gesetz in seiner Sitzung vom 18. Mai 2017 mit der Mehrheit der Regierungsfraktionen, die Vergütungserhöhung in einer Einzelabstimmung sogar einstimmig, beschlossen hatte, war die Zustimmung des Bundesrates erforderlich. Im Juni empfahl dann allerdings der Rechtsausschuss des Bundesrates, das Gesetz zur Vergütungserhöhung von der Tagesordnung der Länderkammer zu streichen. Die Begründung lautete, dass eine differenzierte Betrachtung der Gesamtsituation fehle. »Die Diskussion um eine angemessene Vergütung der Betreuer kann nicht ohne Bewertung der Qualität der rechtlichen Betreuung geführt werden.«[1] Es wurde vonseiten der Politik hingenommen, Staatsausgaben auf Kosten der Betreuer/innen und der vielen betreuten Klient/innen zu sparen.

---

1 Vgl. BR-Drucksache 460/1/17.

Abschlussbericht der rechtstatsächlichen Untersuchung zur Qualität in der rechtlichen Betreuung

2015 vergab das BMJV ein rechtstatsächliches Forschungsvorhaben zum Thema »Qualität der rechtlichen Betreuung« an das Institut für Sozialforschung und Gesellschaftspolitik (ISG) und an Prof. Dr. Brosey von der TU Köln. Hintergrund des Projekts war die schon seit längerer Zeit geführte Qualitätsdebatte im Betreuungswesen sowie der Einfluss des Vergütungssystems auf die Qualität in der Betreuung.

Ziel des empirischen Forschungsprojekts war unter anderem, ein Konzept von Betreuungsqualität zu entwickeln. Es sollte überdies ein aktueller Kenntnisstand über Qualitätsstandards sowie strukturelle Qualitätsdefizite und ihre möglichen Ursachen erhoben werden.

Die Datenbasis sowohl der Onlinebefragung als auch der Zeiterhebung kann als sehr gut bewertet werden. Sie ist geeignet, differenzierte Folgerungen für die Einschätzung der Betreuungswirklichkeit und speziell der Auswirkungen des Vergütungssystems auf die Qualität von Betreuung zu ziehen. Die Rückläufe im Einzelnen:

- 2.460 Fragebögen von Berufsbetreuer/innen aus dem gesamten Bundesgebiet (1.831 selbstständige Betreuer/innen und 629 Vereinsbetreuer/innen)
- 68 Fallstudien mit 145 Interviewpartner/innen (68 Klient/innen, 53 Betreuer/innen und 24 nahestehende Personen)
- 215 Zeitdokumentationen für 7.910 laufende Betreuungsfälle für einen Monat (davon 51 % von Berufsbetreuer/innen)
- 180 Zeitdokumentationen für zwei zufällig ausgewählte Betreuungsfälle
- 101 Fragebögen zur Einnahmen-Ausgaben-Entwicklung von Berufsbetreuer/innen

Das durchführende Institut betonte dabei die außergewöhnlich hohe Teilnahmebereitschaft der Berufsbetreuer/innen an der Zeitbudgeterhebung. Die Forscher/innen hatten nicht erwartet, dass bei »[...] einer solch zeitaufwendigen und den Alltag stark einschränkenden Erhebung so viele freiwillige Teilnehmer gewonnen werden konnten«.[2] Die anvisierte Zahl an dokumentierten Betreuungsfällen wurde um ein

Vielfaches übertroffen und führte zu einer unerwartet umfangreichen Datengrundlage.

Im Laufe der Forschungsphase erschienen insgesamt drei Berichte. Der erste im April 2016 veröffentlichte Zwischenbericht beinhaltet einen Konzeptentwurf von Qualität in der rechtlichen Betreuung. Der zweite Zwischenbericht, der dann schließlich im Februar 2017 veröffentlicht wurde, fasst die Ergebnisse der Befragung von Berufsbetreuer/innen zusammen, stellt die Ergebnisse der Zeitbudgeterhebung vor und äußert sich zur Einnahmen- und Ausgabenentwicklung. Der Abschlussbericht erschien im Dezember 2017 und bietet ein umfangreiches Fazit aus den gewonnenen Erkenntnissen, 54 konkrete Handlungsempfehlungen und die Beantwortung der forschungsleitenden Fragen.[3]

Aufgrund der Bedeutung und Tragweite des Forschungsvorhabens hat der BdB sowohl dem zweiten Zwischenbericht (Februar 2017) als auch dem Abschlussbericht (Dezember 2017) umfangreiche Stellungnahmen gewidmet, die hier zusammenfassend betrachtet werden.

Neben der Würdigung und Begrüßung des betriebenen Aufwandes sah sich der BdB veranlasst, insbesondere zu den Themen Qualitätskonzept, Zeitaufwand sowie Vergütungssituation Anmerkungen zu machen und Kritik zu üben.

Strukturdaten

Grundsätzlich bildet das Forschungsvorhaben wichtige Inhalte rechtlicher Betreuung ab. Der Bericht offeriert ein dezidiertes Bild aller betreuungsrelevanten Akteure und nimmt wesentliche Qualitätsaspekte in den Blick.

Die in der Studie gewonnenen Strukturdaten offenbaren ein detailliertes Bild der Betreuungslandschaft sowie ihrer Problemfelder. Vier beispielhafte Aspekte sollen hier hervorgehoben werden.

Der Akademisierungsgrad unter Berufsbetreuer/innen ist mit 82 Prozent sehr hoch. Dies ist von Bedeutung, wenn in Relation die Gehälter entsprechender Berufsgruppen mit entsprechender Ausbildung betrachtet werden.

Der Beruf ist deutlich überaltert, vor allem im Bereich der selbstständigen

---

2 Institut für Sozialforschung und Gesellschaftspolitik GmbH (2017c), S. 48.
3 Zum Zeitpunkt dieses Beitrages lag lediglich eine unveröffentlichte Version des Abschlussberichtes vom 28. November 2017 vor. Seitenangaben können daher vom abschließenden Bericht abweichen.

Berufsbetreuer/innen.[4] Die Schwierigkeiten, qualifizierten Nachwuchs zu finden, lassen sich nach Meinung des BdB durch die schlechten Rahmenbedingungen erklären.

Der Zeitanteil für persönliche Kontakte in der Betreuung liegt bei nur 22 Prozent.[5] Das sind im Durchschnitt 53 Minuten je Monat und Betreuung. Eine unterstützungsorientierte Betreuungspraxis erscheint unter diesen Bedingungen mehr als fraglich. Entsprechend sind 94 Prozent der Befragten der Auffassung, dass der vergütete Zeitaufwand höher sein müsste.

Die Häufigkeit der Anwendung der Unterstützten Entscheidungsfindung im beruflichen Alltag hängt eng mit der zur Verfügung stehenden Zeit zusammen. 35 Prozent der Befragten wenden diese Methode allenfalls nur manchmal an, 9 Prozent selten oder nie (S. 296f.). Konsequenter Zeitmangel bedeutet unter anderem, an der alten paternalistisch-defizitorientierten Sichtweise festzuhalten und befördert stellvertretende Entscheidungen. Dieser Zustand ist vor dem Hintergrund der UN-BRK nicht hinnehmbar und widerspricht ihren inhaltlichen Ansätzen.

Der zur Verfügung stehende Zeitaufwand für eine konsequente Anwendung der Unterstützten Entscheidungsfindung müsste nach Einschätzung der Befragten demnach weitaus höher sein. 33 Prozent der Befragten sind der Meinung, dass mindestens 50 Prozent mehr Zeit dafür benötigt wird. Fast alle Befragten sind sich einig (95 Prozent), dass mindestens 20 Prozent mehr Zeit vonnöten ist.

Qualitätskonzept

Das in der Studie entwickelte Konzept nimmt wichtige Qualitätsaspekte rechtlicher Betreuung in den Blick. Trotzdem erscheint es insgesamt zu kurz gegriffen, das einseitige Bild von Betreuung als reine Rechtssorge wird darin weitergetragen. Die Normen des Betreuungsrechts und die darin enthaltenen Kriterien für die vom Gesetzgeber abgeforderte Qualität verengen das Bild von Betreuung.

Des Weiteren wird im Bericht festgestellt, dass höheres und spezifisches fachbezogenes Wissen eine bessere Arbeitsweise und eine höhere Prozessqualität bedeuten. Allerdings führt dies nach Sicht des BdB nicht

---

[4] Vgl. Institut für Sozialforschung und Gesellschaftspolitik GmbH (2017c), S. 62.
[5] Vgl. Institut für Sozialforschung und Gesellschaftspolitik GmbH (2017c), S. 624f.

zu folgerichtigen Aussagen zu den Themen Qualifikationsprofil und Zugangskriterien. Stattdessen wird Kontakthäufigkeit (»persönliche Betreuung«) als Gradmesser für Qualität gesehen und vorgeschlagen, dass Behörden und Gerichte einen gesetzlichen Auftrag zur fallbezogenen Definition von Untergrenzen des persönlichen Kontaktes bekommen sollen. Dies lehnt der BdB entschieden ab. »Nur« die Kontakthäufigkeit zu betrachten, führt nicht zum gewünschten Ziel einer Qualitätsverbesserung, sondern kann sogar Gegenteiliges bewirken. Nicht die Häufigkeit, sondern die (professionelle) Gestaltung eines Kontaktes, ist dabei von Relevanz. Eine regionale Festsetzung kann überdies Willkür bedeuten und berücksichtigt auch nicht die Einschränkungen durch die pauschalen Vergütungen.

Nach den Ergebnissen der Studie sollen Betreuungsbehörden und Gerichten deutlich mehr kontroll- und qualifikationssichernde Funktionen übertragen werden. Gerichte und Behörden sind nach Meinung des BdB bei methodisch-fachlichen Aspekten von Qualität nicht die richtigen Instanzen. Der BdB lehnt generell eine Fachaufsicht ab, weil diese nicht mit dem Grundsatz einer unabhängigen Betreuungsführung korrespondiert. Eine auf Fachlichkeit fußende Berufsaufsicht entspräche dieser nach Meinung des BdB mehr.

Zeitaufwand

Die seit 2005 pauschalierten und unverändert gebliebenen Stundenansätze stellen sich im Bericht als deutlich zu niedrig dar. Der tatsächliche Zeitaufwand liegt bei mindestens 4,1 Stunden pro Betreuung pro Kalendermonat. Das sind 24 Prozent mehr als der vergütete Zeitaufwand von 3,3 Stunden. Der Zeitaufwand liegt sogar bei 4,4 Stunden pro Betreuung, wenn der Anteil des Zeitaufwandes der Angestellten voll berücksichtigt würde.

Der berechnete Zeitaufwand von 4,1 Stunden entspräche überdies dem notwendigen Istwert der zur Betreuung notwendigen Zeit. Der Bericht verweist an diversen Stellen jedoch auf Sollwerte, die darüber hinaus noch mehr Zeit pro Betreuungsfall veranschlagen würden. Zieht man die im Bericht geforderte Zeit für die konsequentere Anwendung der Unterstützten Entscheidungsfindung oder für indirekte Leistungen wie Fortbildungen, Supervision, kollegiale Beratung etc. hinzu, ergäbe sich ein noch höherer Wert als die 4,1 bzw. 4,4 Stunden.

Betreuung muss – das macht der Bericht an vielen Stellen deutlich – der Individualität eines jeden Falles mehr gerecht werden. Es wird nachgewiesen, dass es zeitlich große Unterschiede zwischen den Betreuungsfällen gibt, was wiederum bedeutet, dass auch diesen Gegebenheiten Rechnung getragen werden muss.

Der BdB fordert, nicht nur eine notwendige Anpassung der Stundensätze und Stundenansätze an die Realität, sondern eine generelle Überprüfung des jetzigen Systems. Das neu zu betrachtende System sollte die Komplexität und die Schwierigkeit des Falles abbilden und eine unterstützungsorientierte und aktivierende Betreuungsarbeit fördern.

Vergütungssituation

Mit der bereits beschriebenen gescheiterten Vergütungserhöhung vergrößerte sich die Not der Betreuer/innen. Der Qualitätsbericht untermauert auf differenzierte Weise die prekären Verhältnisse.

Es findet im Bericht ein Vergleich rechtlicher Betreuer/innen mit einem nach dem Tarifvertrag für den öffentlichen Dienst (TVöD) bezahlten Sozialpädagogen statt. Im Ergebnis liegt der Rohertrag einer Berufsbetreuerin um 25 Prozent niedriger, als das Arbeitnehmer-Brutto eines nach S 12 vergüteten Angestellten im öffentlichen Dienst (S 12, Erfahrungsstufe 5).

Berücksichtigt man, dass selbstständige Betreuer/innen im Gegensatz zu Angestellten auch den Arbeitgeberanteil an den Sozialversicherungsbeiträgen selbst finanzieren müssen, und dass diese Arbeitgeberleistungen im Regelfall 19,2 Prozent des Bruttoeinkommens betragen, ist die eigentliche Differenz noch größer.

Überdies hinkt der Vergleich eines nach TVöD bezahlten Sozialpädagogen (S 12, Erfahrungsstufe 5). Zwar kommt das genannte Tätigkeitsfeld dem der rechtlichen Betreuung nah, wird ihr jedoch nicht vollends gerecht. Ein Vergleich mit der Vergütungsgruppe S 14 des TVöD wäre heranzuziehen.

Die Untersuchung kommt weiter zu der Feststellung einer vermeintlichen Einkommenssteigerung pro Fall, führt diese dann aber auf die Umsatzsteuerbefreiung, die aber eine Entlastung darstellte und mit dem Einkommen zunächst nichts zu tun hatte. Aus Sicht des BdB ist dies eher darauf zurückzuführen, dass es im Rahmen der Betreuung verstärkt zu Umzügen aus einer Heimunterbringung in eigenständige Wohnformen kommt. Gesellschaftspolitisch ist das ein gewünschter Effekt im Sinne der Selbstbestimmung. Auf Grund der höheren Anzahl abrechenbarer Stunden führte dies zwar zu höheren Aufwendungen für die Betreuung, konnte jedoch an anderer Stelle zu deutlichen Kosteneinsparungen führen.[6]

Erfreulicherweise wurde auch eine Handlungsempfehlung zur Erhöhung der Stundensätze aufgenommen. Allerdings ist diese Empfehlung hinsichtlich der Höhe unkonkret. Aus den Rahmendaten lässt sich jedoch herleiten, dass diese mindestens 25 Prozent betragen muss.

Zwischenfazit des Qualitätsberichts

Die Ergebnisse des Berichtes bestätigen überzeugend die seit Langem vom BdB festgestellten Struktur- und Qualitätsdefizite im deutschen Betreuungswesen. Die Studie bildet jetzt eine objektivierte, empirisch hoch repräsentative Grundlage für eine weitere Diskussion über eine Reform der Betreuung hin zu mehr Qualität und Professionalität. Der BdB sieht sich durch die Forschungsergebnisse in vielen seiner Kernforderungen bestätigt.

Aus den gewonnenen Ergebnissen des Qualitätsberichts leiten sich für den BdB die Forderungen nach einer Erhöhung der Stundenansätze um 24 Prozent im Durchschnitt und die Vergütungserhöhung um 25 Prozent ab. Konkret heißt das eine Erhöhung der Stundenansätze von im Mittel 3,3 Stunden auf im Mittel 4,1 Stunden und eine Erhöhung des Stundensatzes in der obersten Vergütungsstufe von 44 Euro auf 55 Euro pro Stunde.

Eine Qualitätssicherung ist auf Grundlage der beruflich erforderlichen Fachlichkeit verbindlich zu regeln (Zulassungskriterien, Ausbildung, Standards) und auf der Grundlage eines Berufsgesetzes und einer Berufskammer zu gewährleisten. Zur Qualitätssicherung gehört auch eine Finanzierung (Vergütung, Stundensätze, Querschnittsarbeit), die der hohen Verantwortung gerecht wird. Kurzfristig muss der Zugang zur Berufsbetreuung durch gesetzliche Eignungskriterien geregelt werden. Ohne eine geeignete Qualifikation sollten neue Bewerber/innen zukünftig nicht mehr als Berufsbetreuer/innen eingesetzt werden.

---

6 Siehe Reportage »Ohne Dich läge ich auf dem Friedhof«, in: bdbaspekte Heft 115/Oktober 2017, Seite 27–28.

Trotz aller Kritik ist jedoch anzuerkennen, mit welchem Aufwand das Forschungsvorhaben der rechtstatsächlichen Untersuchung zur Qualität in der rechtlichen Betreuung betrieben wurde. Die Ergebnisse werden die Akteure der rechtlichen Betreuung über Jahre beschäftigen und zu vielschichtigen Veränderungen führen. Viele – aber längst nicht alle – der[6] erarbeiteten Handlungsvorschläge erscheinen dabei als Schritte in die richtige Richtung.

Allerdings wurde im Rahmen dieser Ergebnisse bislang verpasst, das System grundsätzlich infrage zu stellen, im Sinne einer tief greifenden Reform mit konsequent menschenrechtlicher Ausrichtung. Ein genereller Reformwillen des Gesetzgebers – vergleichbar etwa mit der Psychiatrieenquete in den 1970er-Jahren – ist bislang nicht erkennbar.

Überarbeitete Empfehlungen für Betreuungsbehörden bei der Betreuerauswahl

2017 erschienen die »Überarbeiteten Empfehlungen für Betreuungsbehörden bei der Betreuerauswahl«, die die Fassung von 2013 ersetzt. Die Empfehlungen der Bundesarbeitsgemeinschaft der überörtlichen Träger der Sozialhilfe (BAGüS) verstehen sich als Arbeits- und Organisationshilfe für Betreuungsbehörden. Darin beschrieben sind die Anforderungen an rechtliche Betreuer/innen und die Aufgaben der überörtlichen und örtlichen Betreuungsbehörden bei der Betreuerauswahl. Im März 2017 bezog der BdB dazu Stellung.

Die in dem Papier zahlreich dargestellten Empfehlungen finden beim BdB z. T. Zustimmung (UN-BRK-Bezug, Betonung der Wichtigkeit der Unterstützten Entscheidungsfindung, Hervorhebung von Tandem-Betreuung, Übernahme von Dolmetscherkosten usw.). Daneben finden sich jedoch kritikwürdige Ansätze, die sich insbesondere auf zwei Bereiche erstrecken: das Verständnis von Betreuungsfachlichkeit und die Berufsaufsicht.

Die Kritikpunkte überschneiden sich stellenweise mit denen des im vorherigen Kapitel dargestellten Qualitätsberichts, fußt doch das »Qualitätskonzept« der Studie unter anderem auf diesem Papier.

Betreuungsfachlichkeit

Grundsätzlich anerkennt die BAGüS die hohen Anforderungen in der Berufsbetreuung und erteilt eine klare Absage an eine Berufsbetreuung ohne jegliche Qualifikation. Ebenfalls anzuerkennen ist die Betonung einer subjektorientierten Betreuungsarbeit im Sinne der UN-BRK. Das Papier bleibt in der Ausgestaltung jedoch oberflächlich. Es stellt sich die kritische Frage, wie ein Handeln im Sinne der Unterstützten Entscheidungsfindung bei durchschnittlich 37 geführten Betreuungen[7] und durchschnittlich 53 Minuten je Monat und Betreuung[8] gewährleistet werden kann.

Insgesamt bleibt festzustellen, dass – ebenso wie im letzten Abschnitt des Qualitätsberichts erläutert – ein schlüssiges Gesamtkonzept zur Betreuungsfachlichkeit fehlt. Vielmehr präsentiert das Papier ein Potpourri von Qualifikationsmerkmalen beruflicher Betreuung. Betreuer/innen werden nach Meinung des BdB in dem Papier als »Oberflächengeneralist/innen« ohne eigene Fachlichkeit dargestellt, es fehlen substanzielle Anhaltspunkte für die fachliche Eignung beruflicher Betreuung. Stattdessen werden unter anderem der Umfang der berufsmäßig geführten Betreuungen sowie die Anzahl der persönlichen Kontakte als Qualitätskriterien definiert. Dies erscheint aus verschiedenen Gründen zu kurz gedacht.

Konkrete Ausführungen zu allgemeingültigen Verfahren zur Qualitätssicherung, zu Qualitätsstandards, zu Eignungskriterien oder fachlichen Anforderungen für die Betreuerauswahl oder Aussagen zu berufsfachlichen Konzepten und Methoden bleibt das Papier schuldig.

Berufsaufsicht/Kontrolle

Berufliche Betreuungsführung soll durch effektivere behördliche Eignungsprüfungen, regelmäßige »Kooperationsgespräche« sowie Eignungsprüfungen im laufenden Prozess sichergestellt werden – so will es die BAGüS.

Der BdB warnt – wie auch schon bei der Stellungnahme zum Qualitätsbericht – vor zu viel behördlicher Kontrolle. Die notwendige Qualitätssicherung der Betreuungspraxis darf die Unabhängigkeit der

---
7 Vgl. Institut für Sozialforschung und Gesellschaftspolitik GmbH (2017c), S. 56.
8 Vgl. Institut für Sozialforschung und Gesellschaftspolitik GmbH (2017c), S. 69.

Berufsangehörigen nicht infrage stellen. Zudem bringt es gewisse Gefahren mit sich, wenn eine Behörde ohne Vorgaben des Gesetzgebers eigene Maßstäbe entwickeln kann.

Zwischenfazit

Die Betreuungsbehörden wollen das eklatante Regelungsdefizit in der betreuungsrechtlichen Praxis durch eine effektivere Auswahl und Kontrolle von Berufsbetreuer/innen überwinden oder abmildern.
Dies kann nach Sicht des BdB in der vorgeschlagenen Form nicht funktionieren. Dafür hat der Verband eigene Vorschläge entwickelt (vgl. Zwischenfazit des Qualitätsberichts im letzten Abschnitt).

Entwurf eines Gesetzes zur Änderung der materiellen Zulässigkeitsvoraussetzungen von ärztlichen Zwangsmaßnahmen

Eine Behandlung ohne Einwilligung oder gegen den Willen des behandelten Menschen ist ein schwerer Eingriff in das Grundrecht auf Autonomie und daher sorgfältig auf ihre Vermeidbarkeit hin zu überprüfen. Unter welchen Bedingungen Zwang legitim sein kann und wie diese Grenzen genau zu definieren sind, wird kontrovers diskutiert.
2016 verpflichtete das Bundesverfassungsgericht den Gesetzgeber, unverzüglich eine Neuregelung für ärztliche Zwangsmaßnahmen zu regeln (Beschluss vom 26.7.2016 – 1 BvL 8/15). Der BdB hatte seinerzeit gegenüber dem BVerfG Stellung bezogen, das sich in seinem Urteil ausdrücklich darauf bezog.[9] Diese Gesetzeslücke schloss der Gesetzgeber mit dem »Gesetz zur Änderung der materiellen Zulässigkeitsvoraussetzungen von ärztlichen Zwangsmaßnahmen und zur Stärkung des Selbstbestimmungsrechts von Betreuten« am 22.07.2017.
Nach diesen Änderungen im Betreuungsrecht sind notwendige ärztliche Zwangsmaßnahmen nicht mehr zwingend von einer Unterbringung in einer geschlossenen Einrichtung abhängig. Es handelt sich – verkürzt betrachtet – um eine Entkoppelung ärztlicher Zwangsmaßnahmen von

---

9 Vgl. Bundesverband der Berufsbetreuer/innen (BdB) e. V. (2015).

der freiheitsentziehenden Unterbringung. Diese ist allerdings weiterhin an einen stationären Aufenthalt im Krankenhaus gekoppelt.

Es ist beachtlich, aber auch nachvollziehbar, dass sich bei einer grundrechtseinschränkenden Gesetzesänderung so viele gesellschaftliche Akteure zu Wort melden.[10] Auch der BdB bezog im Januar 2017 Stellung, hier zum Referentenentwurf des BMJV, der dem Gesetzgebungsverfahren zugrunde lag.

Die schwerwiegende Problematik anerkennend, begrüßt der BdB die grundsätzliche Ausrichtung des Gesetzesvorhabens, dass Menschen, die wegen einer Krankheit einen stationären Aufenthalt in einer Klinik nicht verlassen und deshalb nicht im betreuungsrechtlichen Sinne untergebracht und deshalb auch nicht zwangsbehandelt werden können, auch die Möglichkeit einer (Zwangs-)Behandlung bekommen sollten. Trotzdem hat der Verband auch einige kritische Hinweise gegeben. Auf die Gefahr einer möglichen »Türöffnerfunktion« für die Akzeptanz ambulanter Behandlungen gegen den natürlichen Willen des Betroffenen hat der Verband das Bundesverfassungsgericht bereits 2015 und erneut in der Stellungnahme zum Gesetzgebungsverfahren hingewiesen.

Der BdB betont das anzuwendende Ultima-Ratio-Gebot bei der Durchführung von Zwangsmaßnahmen. Eine Behandlung auf einer offenen Station sollte nur in absoluten Ausnahmefällen zulässig sein. Im Zusammenhang mit einer Zwangsbehandlung ist oft eine Gewaltanwendung erforderlich, einhergehend mit einer erheblichen psychischen Belastung der betroffenen Person. Hier bedarf es besonders geschultes Personal. Auch benötigen Patient/innen eine besondere psychologische Begleitung vor und nach dem Eingriff. Die kritische Frage stellt sich, ob eine offene Station über derartige Voraussetzungen verfügt.

Ebenfalls als bedenklich sieht der BdB die Verpflichtung für Betreuer/innen an, die Klient/innen hinsichtlich der Möglichkeit einer Patientenverfügung zu beraten – so will es das Gesetz einführen. Der BdB weist auf die Gefahr eines fremdbestimmten vorausgefügten Willensbildungsprozesses hin.

Zuletzt betont der BdB, dass Zwangsmaßnahmen unter keinen Umständen ohne gerichtliche Kontrolle stattfinden dürfen, selbst dann nicht, wenn eine Patientenverfügung oder eine Behandlungsvereinbarung für diesen Fall abgeschlossen wurde.

---

10 Vgl. https://www.bmjv.de/SharedDocs/Gesetzgebungsverfahren/DE/Gesetz_zur_Aenderung_materieller_Zulaessigkeitsvoraussetzungen_aerztlicher_Zwangsmassnahmen.html

Es bleibt abzuwarten, wie sich die neue Rechtsvorschrift in der Praxis verhält, und der BdB wird diesen Prozess genau begleiten.

Beistandschaft unter Ehegatten in Angelegenheiten der Gesundheitssorge

Die Justizminister/innen der Länder haben sich im Rahmen ihrer 86. Konferenz im Juni 2015 für ein neues Rechtsinstitut ausgesprochen: eine »Beistandschaft für Ehegatten und Lebenspartner in erster Linie auf dem Gebiet der Gesundheitssorge und in damit eng zusammenhängenden Bereichen«. 2005 gab es bereits eine ähnliche Initiative, die jedoch scheiterte. Damals sah der Gesetzesentwurf noch umfassendere Vertretungsbefugnisse in Gesundheits- und Vermögensangelegenheiten vor. Der aktuelle Entwurf bezieht sich in erster Linie auf das Gebiet der Gesundheitssorge.
Wesentlicher Inhalt ist eine gegenseitige automatische und temporäre Bevollmächtigung von zusammenlebenden Ehegatten und eingetragenen Lebenspartner/innen, wenn Personen infolge einer Krankheit oder eines Unfalls nicht mehr in der Lage sind, in medizinische Maßnahmen einzuwilligen und damit zusammenhängende rechtliche Angelegenheiten zu regeln. Bereits im Anschluss an die 86. Konferenz der Justizminister/innen der Länder (2015) brachte der BdB grundsätzliche Bedenken gegen eine solche Vertretungsbefugnis zum Ausdruck. Auch bei dem zuletzt eingereichten »reduzierten« Änderungsantrag konnten die Bedenken des BdB nicht vollständig ausgeräumt werden. Im März 2017 bezog der Verband dazu Stellung im Zusammenhang mit dem kombinierten Gesetzgebungsverfahren zur Betreuervergütung und Ehegattenbeistandschaft.
Grundsätzlich sieht der BdB in diesem Vorgehen ein unlösbares Dilemma im Spannungsfeld von Vereinfachung und Missbrauchsrisiko. Diese Regelung würde (trotz der Beschränkung auf die Gesundheitssorge) immer noch einen riskanten Eingriff in die Autonomie der Bürger/innen darstellen und eine neue weitgehend unkontrollierbare und missbrauchsanfällige Form der gesetzlichen Vertretung schaffen. Die BdB-Stellungnahme fokussiert insbesondere vier Kritikbereiche.

1. Um die Entscheidungsunfähigkeit eines Partners zu erwirken, reicht nur eine ärztliche Feststellung aus.
2. In dem Vorschlag des Bundesrats für einen neuen § 1358 Abs. 4 BGB war noch die Vorgabe einer entsprechenden Anwendung der §§ 1901 a (Patientenverfügung), 1901 b (Feststellung des Patientenwillens), 1904 Abs. 1–4 BGB (Genehmigung des Betreuungsgerichts bei ärztlichen Maßnahmen) enthalten. In der von den Regierungskoalitionen vorgeschlagenen Fassung fehlt diese. Der BdB ist der Meinung, dass auch Eheleute und Lebenspartner/innen bezüglich der Entscheidung über eine medizinische Behandlung an die früher geäußerten Patientenwünsche gebunden sind (bspw. Patientenverfügung).
3. Es fehlt dem BdB die eindeutige Klarstellung, dass Eheleute und Lebenspartner/innen nicht zu einer Einwilligung in eine Behandlung gegen den natürlichen Willen der betroffenen Partner/in berechtigt sind. Die vorliegende Gesetzesinitiative drückt sich hierzu missverständlich aus.
4. Die Beistandsmöglichkeit soll eigentlich lediglich ein zeitlich befristetes Notvertretungsrecht sein. Im Gesetz fehlte diese eindeutige Befristung.

Resümierend betrachtet sollte der Gesetzgeber nach Ansicht des BdB für eine bessere Ausstattung der Betreuungsvereine sorgen und geeignete Maßnahmen ergreifen, um die qualifizierte Betreuungsarbeit durch professionelle und ehrenamtliche Betreuer/innen zu befördern. Letztlich vertagte der Bundesrat die Gesetzesinitiative, und der BdB wird den Prozess weiterhin begleiten.

Die Ansprüche der UN-Behindertenrechtskonvention

Die dargestellten Stellungnahmen werden im Folgenden noch einmal vor dem Hintergrund der UN-BRK betrachtet und bewertet.
Seit Inkrafttreten der Konvention hat sich die nationale Behindertenpolitik auf vielfältige Weise verändert. Es wird zum Teil sehr kontrovers diskutiert, ob das Betreuungsrecht mit den Ansprüchen der UN-BRK vereinbar ist. Die Bundesregierung sieht dabei grundsätzlich die Vereinbarkeit gegeben, während sich der UN-Fachausschuss, beispielsweise im

Rahmen des ersten Staatenberichts, diesbezüglich besorgt zeigt.[11] Auch die Staatliche Koordinierungsstelle nach Art. 33 der UN-BRK formuliert in einem jüngst veröffentlichen Positionspapier, an dem der BdB maßgeblich mitgearbeitet hat, deutliche Probleme.[12]

Qualität in der Betreuung

Das Thema Qualität in der Betreuung ist zentral für eine unterstützungsorientierte, den Ansprüchen der UN-BRK genügenden rechtlichen Betreuung, und das deutsche Betreuungsrecht hat sich diesbezüglich auszurichten. Es müssen professionelle Standards entwickelt und etabliert werden, die in ihren Prozessen, Methoden und fachlichen Ausgestaltungen die Inhalte der Konvention tragen. Andersherum ausgedrückt: Klient/innen haben das Recht auf einen transparenten und professionellen Betreuungsprozess, der verbindlich nach überprüfbaren Maßstäben zu gestalten ist.

Es ist allerdings deutlich, dass die Umsetzung noch vor einem langen Weg steht. Der eklatante Mangel an verbindlichen Qualitätskriterien (u. a. Qualitätsstandards, fachliche Standards, Berufsaufsicht) führt dazu, dass Menschen in verletzlichen Situationen (sogenannte »vulnerable groups«) einem Risiko schlechter Betreuungsführung ausgesetzt werden.

Sowohl der Qualitätsbericht als auch die überarbeiteten Empfehlungen für Betreuungsbehörden bei der Betreuerauswahl bleiben hinsichtlich der Qualitätsthemen oberflächlich. Es wird darin ein verengtes und einseitiges Bild von Betreuung als reine Rechtssorge transportiert, das bestenfalls nur in Ansätzen den Inhalten der UN-BRK entspricht.

Auch das Thema Berufszugang und -aufsicht hängt eng mit den Qualitätsstandards zusammen. Solange es keinen geregelten Zugang und keine geregelte Aufsicht beruflicher Betreuungstätigkeit gibt, besteht das Risiko, schlechte Betreuungsführung nicht zu erkennen.

Nicht zuletzt stellt das Thema Vergütung eine wesentliche Voraussetzung für eine unterstützungsorientierte und qualitativ hohe Betreuungspraxis dar. Eine aktivierende und rehabilitative professionelle Betreuungsarbeit im Sinne der UN-BRK erscheint angesichts der aktuell eklatant schlechten Ausstattung und vor dem Hintergrund der gescheiterten Vergütungserhöhung schwerer denn je. An dieser Stelle positiv zu verzeichnen ist,

---

11 UN (Vereinte Nationen), Ausschuss für die Rechte von Menschen mit Behinderungen (2015), S. 6 f.
12 Staatliche Koordinierungsstelle nach Artikel 33 UN-Behindertenrechtskonvention (2017), S. 3.

dass sich der Qualitätsbericht eindeutig für eine bessere materielle Ausstattung ausspricht.[13]

Der Qualitätsdiskurs in der Betreuung hat sich insgesamt gesehen durch die UN-BRK verändert. Auch wenn Anspruch und Realität noch z. T. weit auseinanderliegen, wird die Debatte inhaltlich durch die Konvention mitbestimmt und beeinflusst.

Unterstützte Entscheidungsfindung

In der Fachwelt hat sich – unter anderem dank der UN-BRK – der Begriff der Unterstützten Entscheidungsfindung etabliert (»supported decision-making«), die einen wichtigen Baustein professioneller Betreuung darstellt. Auch der Gesetzgeber folgt diesem Ansatz und greift ihn sowohl in den überarbeiteten Empfehlungen für Betreuungsbehörden als auch im Abschlussbericht der rechtstatsächlichen Untersuchung zur Qualität in der rechtlichen Betreuung auf. In Letzterem wird klar eingefordert, dass die Herangehensweise der Unterstützten Entscheidungsfindung mehr Zeit in der Betreuungsführung benötigt.[14] Auch wird sich dafür ausgesprochen, Konzepte und Methoden für eine professionelle Anwendung der Unterstützten Entscheidungsfindung zu entwickeln.[15]

Insofern folgt der Qualitätsbericht der Feststellung des UN-Fachausschusses in seinen abschließenden Bemerkungen zum ersten deutschen Staatenbericht, dass »professionelle Qualitätsstandards für Mechanismen der unterstützten Entscheidungsfindung« zu entwickeln sind.[16]

Damit wird anerkannt – jedoch nicht explizit zugegeben –, dass das System der rechtlichen Betreuung im gegenwärtigen Zustand vertretungsorientiert ist und sich in ein System der Unterstützten Entscheidungsfindung wandeln muss.

Einschränkungen der Rechts- und Handlungsfähigkeit

Eingriffe in die Rechts- und Handlungsfähigkeit eines Menschen sind (nicht nur) nach Maßgabe der UN-BRK äußerst sensible Vorgänge. Die UN-BRK anerkennt die volle Rechts- und Handlungsfähigkeit eines

---
13 Vgl. Institut für Sozialforschung und Gesellschaftspolitik GmbH (2017c), S. 616.
14 Vgl. Institut für Sozialforschung und Gesellschaftspolitik GmbH (2017c), S. 601.
15 Ebd.
16 UN (Vereinte Nationen), Ausschuss für die Rechte von Menschen mit Behinderungen (2015), S. 7.

jeden Menschen (Art. 12 UN-BRK). Eingriffe sind auf das erforderliche Minimum zu reduzieren und gegenüber Interessenkonflikten und missbräuchlicher Einflussnahme abzusichern (Artikel 12 Abs. 4 UN-BRK). Der Wille und die Präferenzen der betreffenden Personen sind dabei zu achten. Die in diesem Beitrag behandelte Änderung der materiellen Zulässigkeitsvoraussetzungen von ärztlichen Zwangsmaßnahmen und die automatische Bevollmächtigung unter Ehegatten betreffen diese Rechte zentral.

Seit Inkrafttreten der UN-BRK wurden infolge von höchstrichterlichen Entscheidungen die verfassungsrechtlichen Anforderungen im Hinblick auf Zwangsmaßnahmen höhergesteckt. Zahlreiche gesetzliche Neuerungen der öffentlich-rechtlichen sowie der zivilrechtlichen Unterbringungsgesetze waren seit 2011 die Folge. Zusammengefasst stellt diese Entwicklung Zwangsmaßnahmen nicht vollkommen infrage, so doch aber vor hinreichende Legitimitätsprobleme. Denn die Rechtswirklichkeit zeigt, dass Zwangsmaßnahmen hierzulande nicht die seltene Ausnahme (»Ultima Ratio«), sondern weitverbreitete Praxis sind.

Das Gesetz zur Änderung der materiellen Zulässigkeitsvoraussetzungen von ärztlichen Zwangsmaßnahmen wird diesen Konflikt nicht verringern. Denn: Mag der Hintergrund dieses Vorhabens, also die Erfüllung des staatlichen Schutzauftrags, auch wichtig und nachvollziehbar erscheinen, ist das Missbrauchsrisiko dennoch nicht einfach hinzunehmen. Bezeichnenderweise wird beim aktuellen Gesetzesvorhaben nicht die *Verhinderung*, sondern die *Voraussetzung* von Zwang geregelt.

Ein System psychiatrischer (Notfall-)Versorgung sollte sich auf Grundlage der Freiwilligkeit und assistierter Autonomie aufbauen und Menschen in Krisen einen niedrigschwelligen Zugang zum Versorgungssystem gewährleisten. Eine grundsätzliche Ausrichtung hin zu einer Psychiatrie ohne Zwang ist allerdings nach gegenwärtigem Stand nicht zu erkennen.

Bei der Beistandschaft unter Ehegatten in Angelegenheiten der Gesundheitssorge handelt es sich ebenfalls um sensible Eingriffe in die Rechts- und Handlungsfähigkeit. Eine quasi-automatische Bevollmächtigung von zusammenlebenden Ehegatten und eingetragenen Lebenspartner/innen birgt ein hohes Missbrauchsrisiko bei gleichzeitig schwieriger Absicherungsmöglichkeit und ist menschenrechtlich gesehen ein Drahtseilakt. Es ist daher dringend anzuraten, bestehende und vor allem freiwillig initiierte Möglichkeiten zu stärken (Vorsorgevollmacht, Patientenverfügung und rechtliche Betreuung) und nach Maßgabe der UN-BRK weiterzuentwickeln und nicht – wie im vorliegenden Falle – sensible Menschenrechte ins »Unsichtbare und Private« zu überführen.

Fazit

Das Jahr 2017 hat zahlreiche Veränderungen für die Betreuung mit sich gebracht. Einige davon müssen als Rückschritte betrachtet werden. Die stagnierend-schlechten materiellen Rahmenbedingungen sind sicherlich das schmerzlichste Beispiel. Auch gab es trotz des Qualitätsberichts bislang keinen wirklichen Fortschritt in der generellen Qualitätsdebatte, wertet man die zum Teil fragwürdigen Konzepte und Vorstellungen des Gesetzgebers aus oder betrachtet die immer noch dominierende einseitige Betrachtung rechtlicher Betreuung als reine Rechtssorge. Auch bleibt die Frage offen, ob Zwangsmaßnahmen außerhalb von geschlossenen Stationen und automatische Bevollmächtigungen von Eheleuten und Partner/innen den Rechtsstatus des Einzelnen stärken oder eher für rechtsfreie Räume sorgen.
Andere Entwicklungen wiederum machen Mut für positive Veränderungen. Der in diesem Zusammenhang wohl bedeutsamste Aspekt ist, dass vor allem der Qualitätsbericht den Zustand der Betreuungsstrukturen endlich auf eine empirisch beispiellose Weise anprangert und weitreichende Veränderungen einfordert. Der Bericht hat das Potenzial, grundsätzliche Veränderungen zu bewirken. Er bestätigt die Qualitätsdefizite im deutschen Betreuungswesen und stellt sie jetzt auf eine objektivierte, empirisch hoch repräsentative Grundlage als Basis weiterer Diskussion über eine Reform hin zu mehr Qualität und Professionalität. Entscheidungsträger/innen der Politik können sich nicht mehr hinter dem »Nichtwissen« (wollen) verstecken, sondern müssen sich – unter anderem mit dem Druck, den der BdB diesbezüglich macht und machen wird – den Problemlagen stellen.
Es ist in diesem Zusammenhang beachtlich, welchen enormen Einfluss die UN-BRK auf die unterschiedlichen Prozesse genommen hat, auch wenn an vielen Stellen (noch) deutliche Diskrepanzen in der Auslegung der Konvention zu erkennen sind.
Daher ist die Teilnahme und Mitarbeit der zivilgesellschaftlichen Akteur/

innen bei diesem Prozess der Ausgestaltung so enorm wichtig. Denn ohne eine Beteiligung der Zivilgesellschaft und der Verbände können leicht voreilige und auch bewusst falsche Schlüsse vonseiten des Staates gezogen werden. Man denke z. B. an die »falsche« Übersetzung des Begriffes »inclusion« in »Integration« statt »Inklusion«. Die Hintergründe können unterschiedlich interpretiert werden, feststeht jedoch, dass diese und vergleichbare Entwicklungen nur dank Einwirkung der Zivilgesellschaft geglückt sind.

Der Druck der strukturellen und verbandlichen Akteure ist jedoch nur der halbe Weg, das Menschenrechtsparadigma zu beflügeln: Der Menschenrechtsdiskurs muss vom Kopf auf die Füße gestellt werden. Wenn Menschen trotz scheinbar widersinnigem und inkongruentem Verhalten ernsthaft in ihren Entscheidungen unterstützt werden, wenn sie in gemeinsamer und nicht stellvertretender Weise schwierigste und multiple Problemlagen bearbeiten, sind das nur zwei Beispiele für ein menschenrechtsorientiertes betreuerisches Handeln.

Professionalität ist dabei ein wichtiger Baustein. Und gleichzeitig muss der Gesetzgeber die notwendigen Rahmenbedingungen schaffen. Beides befindet sich auf dem Weg.

Literatur

Bundesarbeitsgemeinschaft der überörtlichen Träger der Sozialhilfe (BaGüS), Deutscher Landkreistag, Deutscher Städtetag (2017): Überarbeitete Empfehlungen für Betreuungsbehörden bei der Betreuerauswahl Anforderungen an rechtliche Betreuer und Aufgaben der überörtlichen und örtlichen Betreuungsbehörden bei der Betreuerauswahl. Online verfügbar: http://www.lwl.org/spur-download/bag/auswahl_rechtlicher_betreuer.pdf [07.11.2017]

Bundesverband der Berufsbetreuer/innen (BdB) e. V. (2015): BdB-Stellungnahme vom September 2015 an das Bundesverfassungsgericht zum Thema ärztliche Zwangsbehandlung. Online verfügbar: https://bdb-ev.de/module/datei_upload/download.php?file_id=851 [15.12.2017]

Bundesverband der Berufsbetreuer/innen (BdB) e. V. (2017): BdB-Stellungnahme vom September 2015 an das Bundesverfassungsgericht zum Thema ärztliche Zwangsbehandlung. Online verfügbar: https://bdb-ev.de/module/datei_upload/download.php?file_id=851 [06.11.2017]

Bundesverband der Berufsbetreuer/innen (BdB) e. V. (2017): BdB-Stellungnahme vom Dezember 2016 an das Bundesministerium der Justiz und für Verbraucherschutz (BMJV) zum Thema ärztliche Zwangsbehandlung. Online verfügbar: https://bdb-ev.de/module/datei_upload/download.php?file_id=1345 [06.11.2017]

Bundesverband der Berufsbetreuer/innen (BdB) e. V. (2017): Politische Bewertung des Bundesverbandes der Berufsbetreuer/innen e. V. (BdB) zum zweiten Zwischenbericht des ISG zur Qualität in der rechtlichen Betreuung. Online verfügbar: https://bdb-ev.de/module/datei_upload/download.php?file_id=1347 [06.11.2017]

Bundesverband der Berufsbetreuer/innen (BdB) e. V. (2017): Stellungnahme zum Änderungsantrag der Fraktionen CDU/CSU und SPD zum Gesetzentwurf des Bundesrates (Bundestagsdrucksache 18/10485) für ein Gesetz zur Verbesserung der Beistandsmöglichkeiten unter Ehegatten und Lebenspartnern in Angelegenheiten der Gesundheitssorge und in Fürsorgeangelegenheiten. Online verfügbar: https://bdb-ev.de/module/datei_upload/download.php?file_id=1350 [06.11.2017].

Bundesverband der Berufsbetreuer/innen (BdB) e. V. (2017): Überarbeitete Empfehlungen für Betreuungsbehörden bei der Betreuerauswahl. Papier des Landkreistages, Städtetages und der BAGüS. Stellungnahme des BdB e. V. Online verfügbar: https://bdb-ev.de/module/datei_upload/download.php?file_id=1362 [06.11.2017].

BR-Drucksache 460/1/17 (22.06.2017): Empfehlungen der Ausschüsse zu Punkt der 959. Sitzung des Bundesrates am 7. Juli 2017 – Gesetz zur Verbesserung der Beistandsmöglichkeiten unter Ehegatten und Lebenspartnern in Angelegenheiten der Gesundheitssorge und zur Anpassung der Betreuer- und Vormündervergütung. Online verfügbar: https://www.bundesrat.de/drs.html?id=460-1-17 [07.11.2017]

BT-Drucksache 18/10485 (30.11. 2016): Entwurf eines Gesetzes zur Verbesserung der Beistandsmöglichkeiten unter Ehegatten und Lebenspartnern in Angelegenheiten der Gesundheitssorge und in Fürsorgeangelegenheiten. Online verfügbar: http://dipbt.bundestag.de/dip21/btd/18/104/1810485.pdf [07.11.2017]

BT-Drucksache Drucksache 18/11240 (20.02.2017): Entwurf eines Gesetzes zur Änderung der materiellen Zulässigkeitsvoraussetzungen von ärztlichen Zwangsmaßnahmen und zur Stärkung des Selbstbestimmungsrechts von Betreuten. Online verfügbar: http://dipbt.bundestag.de/dip21/btd/18/112/1811240.pdf [07.11.2017]

Institut für Sozialforschung und Gesellschaftspolitik GmbH (2017a): Qualität in der rechtlichen Betreuung. Erster Zwischenbericht. Online verfügbar: http://www.bmjv.de/SharedDocs/Downloads/DE/PDF/Berichte/1_Zwischenbericht_Qualitaet_Betreuung.pdf?__blob=publicationFile&v=1 [07.11.2017]

Institut für Sozialforschung und Gesellschaftspolitik GmbH (2017b): Qualität in der rechtlichen Betreuung. Erster Zwischenbericht. Online verfügbar: http://www.bmjv.de/SharedDocs/Downloads/DE/PDF/Berichte/2_Zwischenbericht_Qualitaet_Betreuung.pdf?__blob=publicationFile&v=2 [07.11.2017]

Institut für Sozialforschung und Gesellschaftspolitik GmbH (2017c): Qualität in der rechtlichen Betreuung. Endbericht vom 28. November 2017. Online verfügbar: http://www.bmjv.de/DE/Service/Fachpublikationen/Fachpublikationen_node.html (zum Redaktionsschluss noch nicht öffentlich verfügbar) [011.12.2017]

Staatliche Koordinierungsstelle nach Artikel 33 UN-Behindertenrechtskonvention (2017): Das deutsche Betreuungsrecht im Lichte der UN-Behindertenrechtskonvention. Positionspapier der Staatlichen Koordinierungsstelle nach Art. 33 UN-BRK (Fachausschuss Freiheits- und Schutzrechte). Online verfügbar: https://www.behindertenbeauftragte.de/SharedDocs/Downloads/DE/20170426_Positionspapier_Betreuungsrecht.pdf?__blob=publicationFile&v=1 [06.11.2017]

UN (Vereinte Nationen), Ausschuss für die Rechte von Menschen mit Behinderungen (2015): Abschließende Bemerkungen über den ersten Staatenbericht Deutschlands. Online verfügbar: http://www.institut-fuer-menschenrechte.de/fileadmin/user_upload/PDF-Dateien/UN-Dokumente/CRPD_Abschliessende_Bemerkungen_ueber_den_ersten_Staatenbericht_Deutschlands.pdf [06.11.2017]

Dirk Brakenhoff
Korrespondenzadresse: dirk.brakenhoff@bdb-ev.de

Wo die Aufsicht endet: Regelungsdefizite im Ermessensspielraum rechtlicher Betreuer/innen

Kay Lütgens

Die §§ 1837 Abs. 2 u. 3, 1908i Abs. 1 BGB geben es vor: Das Betreuungsgericht hat über die gesamte Tätigkeit der Betreuerin und des Betreuers die Aufsicht zu führen und gegen Pflichtwidrigkeiten durch geeignete Gebote und Verbote einzuschreiten. Es kann gegen seiner Meinung nach gegebene Pflichtwidrigkeiten mit Ge- und Verboten einschreiten und seine Entscheidungen notfalls durch die Festsetzung von Zwangsgeldern durchsetzen. Daneben entscheidet es (in Zusammenarbeit mit den Betreuungsbehörden) darüber, wer als geeignet für die berufliche Führung von Betreuungen anzusehen ist und wer nicht. Und oft urteilen Gerichte (z. B. in Haftungsprozessen oder in Genehmigungsverfahren) darüber, ob ein/e Betreuer/in korrekt gehandelt hat.
Es gibt aber zwei Bereiche, in denen diese gesetzliche Vorgabe nicht greifen kann. Es handelt sich zum einen um einen Bereich, in dem einem Gericht die notwendige Sachkunde fehlt und zum anderen um einen Bereich, in dem Betreuer/innen nach der Rechtsprechung über einen Ermessensspielraum verfügen.

Fehlende Sachkunde des Gerichts

Bei der Betreuung im Sinne der §§ 1896 ff. BGB handelt es sich vom Gesetzeswortlaut her um eine »rechtliche Betreuung« und daher heißt es in § 1901 Abs. 1 BGB auch ausdrücklich: »Die Betreuung umfasst alle Tätigkeiten, die erforderlich sind, um die Angelegenheiten des Betreuten (...) rechtlich zu besorgen.« Von daher erscheint es »auf den ersten Blick« als folgerichtig, die Aufsicht über die gesamte Betreuertätigkeit dem Betreuungsgericht zu übertragen.

Es ist aber allgemein bekannt, dass Rechtskenntnisse alleine nicht ausreichen, um eine Betreuung fachlich korrekt und im Interesse der Klient/innen führen zu können. Schließlich enthält das Gesetz auch den Grundsatz der persönlichen Betreuung (§ 1897 Abs. 1 BGB) und gibt vor, dass Wohl und Wünsche des Klienten oder der Klientin zu berücksichtigen sind (§ 1901 Abs. 2, 3 BGB). Dabei sind Wohl und Wünsche nicht als Gegensätze aufzufassen, die Berücksichtigung der Wünsche ist ein Teil des Wohls, der allerdings ggf. gegenüber anderen Aspekten des Wohls abgewogen werden muss.

Zudem heißt es in § 1901 Abs. 4 BGB: »Innerhalb seines Aufgabenkreises hat der Betreuer dazu beizutragen, dass Möglichkeiten genutzt werden, die Krankheit oder Behinderung des Betreuten zu beseitigen, zu bessern, ihre Verschlimmerung zu verhüten oder ihre Folgen zu mildern.« Daraus ergibt sich ein sogenannter Rehabilitationsauftrag: Betreuer/innen sollen den Klient/innen nicht alles abnehmen (im Sinne stellvertretender Entscheidungen und Handlungen), sondern sie im Rahmen des Möglichen durch andere Formen der Unterstützung dazu befähigen, eigene Entscheidungen zu treffen und diese dann auch selbst umzusetzen. Im günstigsten Fall werden die Klient/innen dann ihre Angelegenheiten nach einiger Zeit auch wieder alleine regeln können.

Dies macht deutlich, dass alleine rechtliche Kenntnisse nicht ausreichen, um eine Betreuung sachdienlich führen zu können. Betreuer/innen müssen auch über ein Grundwissen über die häufig vorkommenden Krankheitsbilder verfügen, sie müssen in der Lage sein, auch zu psychisch kranken Menschen in Kontakt zu treten, um deren Wohl und Wünsche in Erfahrung bringen und sie bei einem möglichst selbstbestimmten Leben unterstützen zu können. Das macht aber deutlich, dass die in den §§ 1837 Abs. 2, 1908i Abs. 1 BGB festgelegte Aufsicht des Betreuungsgerichts über die Arbeit der Betreuer/innen nicht alle Bereiche der Betreuertätigkeit abdecken kann – Richter/innen und Rechtspfleger/innen sind nun einmal nicht dafür ausgebildet, die Gesprächstechnik, die Art des Umgangs mit psychisch Kranken usw. umfassend beurteilen zu können. Aus diesem Grund ist es auch fraglich, ob Betreuungsgerichte und Betreuungsbehörden die geeigneten Stellen dafür sind, abschließend über die Eignung von Bewerber/innen für die berufliche Führung von Betreuungen zu entscheiden oder ob dafür nicht eine Alternative geschaffen werden sollte.

In anderen Bereichen wird es – auch vom Gesetzgeber und den Gerichten selbst – als selbstverständlich angesehen, dass den Gerichten die notwendige Fachkompetenz fehlt. Geht es z. B. in einem Arzthaftungsprozess darum, ob eine Operation korrekt ausgeführt wurde – also die sogenannten »Regeln der ärztlichen Kunst« beachtet wurden –, wird ein Sachverständigengutachten in Auftrag gegeben und zur Grundlage des Urteils gemacht – kein Gericht würde z. B. auf die Idee kommen, selbst zu bestimmen, wie der Ablauf einer bestimmten Operation zu gestalten ist.

Ein ärztlicher Behandlungsfehler ist ein »Verstoß gegen allgemein anerkannte Regeln der ärztlichen Wissenschaft«. Wegen der fehlenden eigenen Sachkunde (für die Beurteilung der Frage, ob ein Behandlungsfehler vorliegt, sind eben medizinische und nicht ausschließlich rechtswissenschaftliche Kenntnisse notwendig) darf das Gericht keine Entscheidung »im Alleingang« treffen, sondern muss seiner Entscheidung als Beweismittel ein Sachverständigengutachten zugrunde legen.

Es gibt in diesem Zusammenhang also
- einen Bereich, in dem ein Gericht über keine eigene Sachkunde verfügt,
- aber eine Wissenschaft, die über eine solche Sachkunde verfügt und auf deren Grundlage z. B. wissenschaftlich abgesicherte Leitlinien und Standards entwickelt werden können.

Auf die Betreuungsarbeit lässt sich dies zurzeit allerdings nur eingeschränkt übertragen. Wie bereits dargestellt, gibt es durchaus Bereiche, in denen eine rein rechtliche Betrachtung nicht ausreicht und die gerichtliche Kontrolle deshalb versagen muss. Zum Beispiel sind es keine rechtlichen Fragen,
- auf welche Art und Weise mit einem psychisch kranken Menschen Kontakt aufgenommen werden sollte, um eine Verbindung zu ihm herzustellen und sein Wohl und seine Wünsche ermitteln zu können;
- ob die Wahrnehmung der grundsätzlich gegebenen Besprechungspflicht evtl. ausnahmsweise nicht greift, weil die Besprechung einer bestimmten Angelegenheit das Wohl der Klientin/des Klienten gefährden würde (§ 1901 Abs. 2, 3 BGB);
- wie häufig ein bestimmter Klient besucht werden muss, damit zu ihm unter Berücksichtigung seines Krankheitsbildes ein ausreichender Kontakt hergestellt werden kann, um den Grundsatz der persönlichen Betreuung im Sinne des § 1897 Abs. 1 BGB ausreichend Rechnung zu tragen;

- wie ein Unterstützungsprozess im konkreten Fall genau auszusehen hat;
- wie Ressourcen und Bedarfe eines Klienten/einer Klientin zu ermitteln sind sowie
- unter welchen Voraussetzungen auch (z. B. finanzielle) Schäden oder Risiken im Interesse des Selbstbestimmungsrechts in Kauf genommen werden müssen oder umgekehrt, wann das Selbstbestimmungsrecht hinter objektiven Kriterien zurücktreten muss.

Anders als zum Beispiel im medizinischen Bereich gibt es zurzeit aber keine »Betreuungswissenschaft«, die den gesamten Bereich der Betreuungsarbeit abdeckt. Für Ärzt/innen und andere »Behandelnde« existiert eine berufliche Sorgfalt nach Maßgabe des wissenschaftlichen Erkenntnisstands. So heißt es in § 630 a BGB ausdrücklich: »Die Behandlung hat nach den zum Zeitpunkt der Behandlung bestehenden, allgemein anerkannten fachlichen Standards zu erfolgen (…)«

Für die Betreuung existieren aber keine anerkannten fachlichen Standards und auch kein sonstiges vergleichbares Orientierungssystem. Ein solches Orientierungssystem ist aber unverzichtbar. Zwar werden dem immer wieder Argumente wie »Jeder Bürger muss seine Angelegenheiten regeln – ohne Fachmann zu sein. Der Betreuer übernimmt für einen anderen diese Aufgabe« oder »Betreuung betrifft alle Lebensbereiche – der Betreuer kann nicht Experte für alles sein« entgegengehalten, um zu begründen, dass eigentlich jeder Betreuungen führen kann – diese Argumente sind aber nicht stichhaltig:

Der durchschnittliche Bürger kann zwar seine Angelegenheiten selbst regeln, für ihn bestehen aber viele Probleme, die Klient/innen der Berufsbetreuer/innen haben, überhaupt nicht. Dass ein Mensch seine eigenen Angelegenheiten – und damit die üblichen Alltagsangelegenheiten eines gesunden Menschen – regeln kann, sagt noch lange nicht aus, dass er auch in der Lage ist, die vielen besonderen Probleme eines psychisch kranken Menschen zielführend zu bearbeiten und zudem auch noch eine ausreichende Beziehung zu einem solchen Menschen aufzubauen.

Und dass Betreuer/innen »Expert/innen für alles« sein müssen, verlangt ohnehin niemand – auch Betreuer/innen dürfen ggf. als Vertreter/in ihrer Klient/innen fachkundige Hilfe (z. B. durch einen Rechtsanwalt oder eine Steuerberaterin) in Anspruch nehmen. Betreuer/innen müssen aber Expert/innen für Unterstützungsprozesse und dementsprechend auch in der Lage sein, Ressourcen und Bedarfe eines Klienten oder einer Klientin zu ermitteln.

Außerhalb des vom Gericht kontrollierbaren Bereichs gibt es zurzeit ein Vakuum der Verbindlichkeit. Es gibt keine »Betreuungswissenschaft«, die aus sozialwissenschaftlicher Perspektive die Anforderungen einer qualifizierten Betreuungspraxis untersucht und damit auch keine »fachgerechte dem wissenschaftlichen Stand entsprechende Betreuung«. Die Art und Weise der Betreuungsführung bleibt ungeregelt, die Qualität der Betreuung ist immer noch das Ergebnis zufälliger Faktoren. Und es gibt keine Instanz, die berechtigt oder befähigt wäre, eine sachgerechte professionelle Betreuung sicherzustellen, indem sie für die der gerichtlichen Kontrolle nicht zugänglichen Bereiche verbindliche Standards entwickeln und festlegen kann.

Genau hier könnte eine wesentliche Aufgabe einer Kammer für Berufsbetreuer/innen liegen: Wer könnte die Anforderungen an die Qualifikation von Berufsbetreuer/innen und fachliche Standards für die Tätigkeit besser beurteilen bzw. entwickeln, als die Berufsbetreuer/innen selbst in Zusammenarbeit mit der Sozialwissenschaft, die wiederum einen eigenen Bereich einer »Betreuungswissenschaft« etablieren könnte?

Abgrenzung der Aufsicht durch das Gericht von Zweckmäßigkeitserwägungen im Ermessen des Betreuers/der Betreuerin

Die Rechtsprechung stellt immer wieder fest, dass die Aufsicht des Betreuungsgerichts über die Betreuer/innen auf eine Kontrolle der Rechtmäßigkeit ihres Handelns beschränkt ist und das Gericht in Zweckmäßigkeitsfragen, die im Ermessen der Betreuer/innen liegen, nicht an deren Stelle entscheiden darf.

Ermessen ist ein juristischer Fachausdruck, der vor allem das Verwaltungsrecht betrifft und die Befugnisse einer Behörde regelt. Man kann die dort einschlägigen Grundätze aber auch auf andere Rechtsgebiete übertragen.

In Bezug auf Behörden ist damit gemeint, dass einer Behörde ein Entscheidungsspielraum bzgl. der Rechtsfolgen eines Vorgangs eingeräumt ist.

In der Regel ergibt sich das Ermessen aus der Formulierung des einschlägigen Gesetzestextes. Dort wird dann die Formulierung »die Behörde kann (...)« oder »die Behörde soll (...)« verwendet. Im Fall sogenannter Soll-Vorschriften ist das Ermessen stark eingeschränkt – die Behörde muss im Regelfall so entscheiden, wie das Gesetz es als Möglichkeit vorgibt, nur in Ausnahmefällen kann anders entschieden werden.

Beim Ermessen wird zwischen dem Entschließungsermessen (ob sie überhaupt tätig wird) und dem Auswahlermessen (welche Rechtsfolge sie herbeiführt) unterschieden.

Ist der Behörde ein Ermessen eingeräumt, darf sie aber nicht willkürlich entscheiden, sie muss sich im Einzelfall von sachgerechten Erwägungen leiten lassen. Die Behörde muss z. B. den Gleichheitssatz (gleiche Sachverhalte dürfen nicht ungleich behandelt werden) und die Verhältnismäßigkeit (kein Missverhältnis zwischen dem angestrebten Ziel und der Schwere des Eingriffs, kein zur Verfügung stehendes milderes – also den Bürger weniger belastendes – Mittel, um den angestrebten Zweck zu erreichen usw.) beachten.

Ein Ermessensnichtgebrauch liegt vor, wenn die Behörde das ihr zustehende Ermessen nicht ausübt, weil sie gar nicht erkannt hat, dass ihr überhaupt ein Ermessen zusteht.

Um einen Ermessensfehlgebrauch handelt es sich, wenn die Behörde den Sinn und Zweck des Gesetzes nicht richtig erkennt und ihre Ermessensentscheidung daher auf fehlerhafte Überlegungen stützt.

Überträgt man das auf die Betreuungsarbeit, kann man daraus folgern, dass Betreuer/innen fehlerhaft handeln, wenn sie

a. gar nicht erkannt haben, dass mehrere Handlungsmöglichkeiten zur Auswahl stehen und sie deshalb auch keine sachgerechte Auswahl treffen konnten

oder

b. sich bei seiner Entscheidung von unsachgemäßen Erwägungen haben leiten lassen.

Sofern Betreuer/innen aber erkennen, dass ihnen ein Entscheidungsspielraum zusteht, und treffen sie dann unter Berücksichtigung aller relevanten Umstände eine Entscheidung, kann das Gericht nicht seine eigene – eventuell abweichende – Entscheidung an die Stelle der Entscheidung des Betreuers oder der Betreuerin setzen. Hierzu einige Beispiele aus der Rechtsprechung:

- OLG München:[1] Die Aufsicht des Vormundschaftsgerichts über den Betreuer ist auf eine Kontrolle der Rechtmäßigkeit seines Handelns beschränkt. In Zweckmäßigkeitsfragen, die im Ermessen des Betreuers liegen, darf es nicht an seiner Stelle entscheiden (allg. Meinung). Ein Elternteil ist nicht beschwerdebefugt, wenn das Vormundschaftsgericht es ablehnt, dem Betreuer eine Weisung zu erteilen (hier: Heilpädagogische Behandlung durch eine bestimmte Therapeutin).
- OLG Karlsruhe:[2] Das Vormundschaftsgericht ist damit in der Erteilung von Weisungen, die ein Gebot oder ein Verbot enthalten, auf die Fälle pflichtwidrigen Verhaltens des Betreuers beschränkt. Denn der Betreuer führt sein Amt selbstständig und in eigener Verantwortung. Daraus folgt, dass dem Vormundschaftsgericht bei der Ausübung seiner Aufsichtstätigkeit Zurückhaltung geboten ist und es in Zweckmäßigkeitsfragen, die im Ermessen des Betreuers oder der Betreuerin liegen, nicht an seiner Stelle entscheiden darf. (...) Die Frage, ob und vor allem durch wen dem Betroffenen eine bestimmte heilpädagogische Behandlung erteilt wird, ist grundsätzlich eine Frage der Zweckmäßigkeit im vorgenannten Sinne. Sie entzieht sich demnach einer Überprüfung im Rahmen der vormundschaftsgerichtlichen Aufsicht nach § 1837, § 1908i Abs. 1 Satz 1 BGB.
- OLG Karlsruhe:[3] Das Vormundschaftsgericht ist in der Erteilung von Weisungen, die ein Gebot oder ein Verbot enthalten, auf die Fälle pflichtwidrigen Verhaltens des Betreuers beschränkt. Für den Fall einer präventiven Weisung ist eine solche nur berechtigt, wenn die auf Tatsachen gegründete Besorgnis besteht, der Betreuer werde pflichtwidrig handeln. (...) Zur freien Verwendung des Pflegegeldes sind die für die Vermögenssorge als Betreuer/innen eingesetzte Beschwerdeführer/innen grundsätzlich unabhängig von einer Weisung des Vormundschaftsgericht befugt. Der Betreuer führt sein Amt selbstständig und in eigener Verantwortung. Daraus folgt zunächst, dass dem VormG bei der Ausübung seiner Aufsichtstätigkeit Zurückhaltung geboten ist und es in Zweckmäßigkeitsfragen, die im Ermessen des Betreuers liegen, nicht an seiner Stelle entscheiden darf.
Zu Letzteren zählt auch die Verwendung von Geldmitteln aus dem Vermögen des Betreuten für Lebensunterhalt und Pflege, sodass das VormG

---

1 Beschluss vom 13.07.2009, 33 Wx 005/09, BtPrax 2009, 237–238.
2 FamRZ 2006, 507.
3 Beschluss v. 12.4.2005 – 19 Wx 7/05, FamRZ 2006, 507 (mit Anmerkung BIENWALD).

deshalb auch nicht befugt ist, seine eigene (abweichende) Meinung mit bindenden Anordnungen durchzusetzen.

Das VormG ist nach diesen Grundsätzen und dem ausdrücklichen Wortlaut des (über § 1908 i BGB anwendbaren) § 1837 II S. 1 BGB in der Erteilung von Weisungen, die ein Gebot oder Verbot enthalten, auf die Fälle pflichtwidrigen Verhaltens des Betreuers beschränkt. Für den hier vorliegenden Fall einer präventiven Weisung folgt daraus, dass diese lediglich dann berechtigt ist, wenn die auf Tatsachen begründete Besorgnis besteht, der Betreuer werde pflichtwidrig handeln.

Eine (zu besorgende) Pflichtwidrigkeit liegt jedoch nur dann vor, wenn der Betreuer gegen bestimmt formulierte gesetzliche Regelungen verstößt, (zulässigerweise erteilte) gerichtliche Anordnungen nicht befolgt oder seinen Aufgabenkreis überschreitet.

- OLG München:[4] Ein amtsgerichtliches Verbot an Betreuer, Betroffene ohne gerichtliche Zustimmung in ein anderes Heim zu verlegen, ist regelmäßig unzulässig. Die bei tatsächlicher Gefährdung des Betreutenwohls im Fall eines Aufenthaltswechsels gegebenenfalls gebotene (teilweise) Entlassung des bisherigen Betreuers und die Bestellung eines neuen Betreuers kann nicht dadurch umgangen werden, dass dem Betreuer die eigenverantwortliche Ausübung des Aufenthaltsbestimmungsrechts untersagt und seine diesbezüglichen Maßnahmen der Entscheidung des Gerichts unterstellt werden. (...) Mit Beschluss vom 2.3.2009 hat das Amtsgericht der Betreuerin verboten, ohne vorherige Zustimmung des Gerichts den Betroffenen in ein anderes Heim zu verlegen. (...) Im Rahmen seines Aufgabenkreises führt der Betreuer die Betreuung selbständig und eigenverantwortlich (...) Nicht statthaft nach § 1837 Abs. 2 Satz 1 BGB ist der Teilentzug eines Aufgabenbereichs. Auch kann im Rahmen des § 1837 Abs. 2 BGB das Vormundschaftsgericht nicht selbst an Stelle des Betreuers handeln (...).

Mit dem Verbot eines Aufenthaltswechsels ohne gerichtliche Zustimmung entzieht das Gericht der Betreuerin faktisch das Aufenthaltsbestimmungsrecht und setzt sich bei der Entscheidung über den Aufenthalt an ihre Stelle. Eigene Entscheidungen des Gerichts sind jedoch nur gemäß § 1846 BGB rechtlich zulässig, dessen Voraussetzungen unzweifelhaft nicht vorliegen, da eine Betreuerin bestellt und sie auch nicht verhindert ist.

---

4 Beschluss vom 11.11.2009, 33 Wx 292/09, BtPrax 2010, 35–36, FamRZ 2010, 493.

Zwar sind auch bezüglich der Aufenthaltsbestimmungen einzelne Gebote und Verbote möglich, etwa den Aufenthalt in einem für ungeeignet erachteten Heim zu beenden oder auch das Verbot, den Aufenthalt des Betroffenen für eine bestimmte eng begrenzte Zeit etwa bis zur Entscheidung über die Bestellung eines neuen Betreuers mit dem Aufgabenkreis Aufenthaltsbestimmung zu verändern. Diese Maßnahmen dürfen jedoch der Betreuerin das ihr als Aufgabe übertragene Aufenthaltsbestimmungsrecht nicht vollständig entziehen.

In der Literatur werden als der gerichtlichen Kontrolle entzogene Zweckmäßigkeitserwägungen genannt:[5] Die Höhe des Taschengeldes (mit der Einschränkung, dass Klient/innen kein unnötig sparsamer Lebenszuschnitt aufgenötigt werden darf), die Wahl der Bank, bei der das Vermögen der Klientin/des Klienten angelegt wird, die Auswahl des Pflegeheims, die Auswahl der Therapeut/innen der heilpädagogischen Behandlung der Klient/innen sowie die Frage, ob und welche Gläubiger befriedigt werden oder nicht.

Einige Besonderheiten gibt es bezüglich der Frage, wie häufig Betreuer/innen persönlichen Kontakt zu Klient/innen halten müssen. In Kommentaren und Fachbüchern findet man immer wieder den Hinweis, dass die Häufigkeit der persönlichen Kontakte bzw. der Besuche im Ermessen der Betreuer/innen liegen.[6]

In einer älteren Entscheidung des LG Koblenz heißt es dazu: »Letztlich muß hier auch beachtet werden, daß dem Betreuer, der im ständigen persönlichen Umgang mit dem Betreuten steht, ein gewisser Ermessensspielraum zuerkannt wird, da der Betreuer am besten beurteilen kann, in welchem Umfang ein persönlicher Kontakt mit dem Betroffenen erforderlich erscheint. Auch wenn diese Frage grundsätzlich der gerichtlichen Kontrolle unterliegt, so muß das Amtsgericht dem Betreuer (…) in entsprechendem Umfange einen Ermessensspielraum einräumen (…).«[7]

Diese Äußerungen haben ihren Ursprung allerdings in Gerichtsentscheidungen aus Zeiten vor der Pauschalierung. In den betreffenden Vergütungsverfahren ging es regelmäßig um die Frage, ob Betreuer/innen die Besuche abrechnen konnten oder ob die Besuche unnötig und deshalb nicht vergütungsfähig waren.

---

[5] So z.B. BAUER/DEINERT in HK-BUR, § 1837 BGB Rn. 80.
[6] Siehe z. B. DEINERT/LÜTGENS, Die Vergütung des Betreuers (6. Aufl.), Rn. 779 ff.
[7] LG Koblenz BtPrax 1997, 242.

Inzwischen gibt es eine gesetzliche Regelung, nach der Betreuer/innen im Jahresbericht die Anzahl der persönlichen Kontakte anzugeben haben und es ein Entlassungsgrund ist, wenn die erforderliche Zahl an persönlichen Kontakten nicht eingehalten wurde (§§ 1837 Abs. 2, 1840 Abs. 1, 1908i Abs. 1, 1908b Abs. 1 BGB). Die Diskussion findet jetzt also aufgrund des geänderten wirtschaftlichen Interesses von Betreuer/innen mit umgekehrtem Vorzeichen statt – es geht nicht mehr darum, wie oft ein Klient oder eine Klientin besucht werden darf, sondern wie oft er oder sie besucht werden muss. Wenn man den in der o. g. Entscheidung des LG Koblenz genannten Grundsatz beibehalten will, kann ein Gericht aber nicht festlegen, welche genaue Anzahl an Besuchen erforderlich war, sondern allenfalls einen groben Rahmen vorgeben. Innerhalb dieses Rahmens oder in besonderen Fällen muss es aber dem Betreuer oder der Betreuerin überlassen bleiben, wie häufig persönliche Kontakte zu Klient/innen stattfinden.

Um Missverständnisse zu vermeiden, ist in diesem Zusammenhang aber noch auf Folgendes hinzuweisen: Dass das Gericht nicht alle Einzelheiten selbst regeln darf, sondern Betreuer/innen ein Ermessensspielraum verbleibt, darf nicht falsch verstanden werden. Dies bedeutet nicht, dass Betreuer/innen solche Entscheidungen willkürlich oder nach seinen ganz eigenen Maßstäben treffen dürfen. Selbstverständlich sind Betreuer/innen immer an Wünsche und Wohl ihrer Klient/innen gebunden und müssen wichtige Angelegenheiten mit diesen zunächst im Rahmen des Möglichen besprechen. Das Gericht kann sehr wohl einschreiten, wenn ein Betreuer oder eine Betreuerin diese Vorgaben missachtet. Wirklich frei sind Betreuer/innen in ihren Entscheidungen also letztlich nur, wenn bei Beachtung dieser Vorgaben mehrere Entscheidungen als vertretbar anzusehen sind.

Resümee

Wie gezeigt gibt es im Rahmen der Führung von Betreuungen Bereiche, in denen das Betreuungsgericht keine sinnvolle Kontrolle des Betreuerhandelns vornehmen kann. Es gibt zurzeit auch keine andere Instanz, die für diese Bereiche sinnvolle und verbindliche Vorgaben entwickeln und deren Einhaltung kontrollieren könnte.

Dies könnte eine wesentliche Aufgabe einer Kammer für Berufsbetreuer/innen sein. Zudem könnte eine Kammer in Zusammenarbeit mit Hochschulen eine Betreuungswissenschaft etablieren und auf wissenschaftlicher Grundlage Anforderungen an die Qualifikation von Berufsbetreuer/innen und fachliche Standards für die Führung von Betreuungen entwickeln.

Die Einrichtung einer Berufskammer ist ein umfangreiches Projekt. Falls es gelingen sollte, die Politik von diesem Plan zu überzeugen, werden sehr viele Dinge zu bedenken und etliche Feinheiten zu regeln sein. Unter anderem hätte die Kammer den Vorteil, dass jeder Berufsbetreuer und jede Berufsbetreuerin dort per Gesetz Mitglied sein würde. Eine Kammer hätte daher gegenüber der Politik mehr Gewicht als es zurzeit die Berufsverbände haben, die zusammen lediglich in etwa die Hälfte der in Deutschland tätigen Berufsbetreuer/innen vertreten.

Eine Kammer würde zudem die Möglichkeit bieten, einen berufseigenen »body of knowledge« (»Wissenskanon«) in Verbindung mit einer autonomen Kontrolle berufswürdigen Verhaltens sowie eine geeignete Instanz zur Schaffung und Beaufsichtigung beruflicher Standards zu schaffen.

Auf der anderen Seite hätte die Kammer hoheitliche Aufgaben zu erfüllen und damit auch die Qualität der Betreuungsarbeit zu überwachen und gegen pflichtwidriges Verhalten von Berufsbetreuer/innen vorzugehen. Eine Kammer wäre aus Sicht der Berufsbetreuer/innen also nicht nur eine Interessenvertretung, sondern zugleich auch ein »verlängerter Arm des Staates«, der in bestimmten Situationen auch als bedrohlich empfunden werden kann.

Eine Kammer wäre daher kein vollständiger Ersatz für die bestehenden Berufsverbände. Die Verbände müssten ihre Rolle allerdings neu definieren. Während Teile der bisherigen Verbandsarbeit dann von der Kammer übernommen würden, würde auch ein neues Aufgabenfeld hinzukommen – nämlich die Vertretung der Interessen der Berufsbetreuer/innen gegenüber der Kammer, die eben auch hoheitliche Aufgaben wahrnehmen und im Einzelfall auch für den einzelnen Betreuer oder die einzelne Betreuerin unliebsame Entscheidungen treffen würde.

Hinzu kommt, dass eine Kammer als Organ der Selbstverwaltung über Beiträge ihrer Mitglieder finanziert werden muss – für viele Berufsbetreuer/innen ist es sicherlich keine reizvolle Vorstellung, neben den ohnehin bereits anfallenden Kosten auch noch die Kammer finanzieren zu müssen. Im schlechtesten Fall könnte das dazu führen, dass versucht wird, die durch eine Kammer entstehenden Mehrausgaben durch den Verzicht auf die Mitgliedschaft in einem Berufsverband an anderer Stelle wieder einzusparen. Die Gründung einer Berufskammer müsste deshalb mit einer entsprechenden Erhöhung der Vergütung einhergehen – schließlich würde die Kammer Gerichten und Behörden einen Teil der Arbeit abnehmen, was dort zu Einsparungen führen würde.

Trotz vieler Schwierigkeiten, die vor Einrichtung einer Kammer aus dem Weg geräumt werden müssten, kann eine Kammer aber für Berufsbetreuer/innen und letztlich auch für das »System Betreuung« und damit für die Klient/innen etliche Vorteile bieten.

Entsprechende Vorschläge sind im Übrigen nicht neu, so gab es bereits im Jahr 2002 eine entsprechende Veröffentlichung in der BtPrax.[8] Liest man den Artikel ohne Kenntnis des Erscheinungsdatums, könnte man ihn in weiten Teilen durchaus für eine aktuelle Beschreibung der gegenwärtigen Problemlage halten – ein Zeichen dafür, dass sich in den letzten 15 Jahren viel zu wenig getan hat. Es bleibt zu hoffen, dass sich nun bald eine breite Diskussion dieser Probleme entwickelt und der kommende Gesetzgeber ein offenes Ohr für Forderungen nach einer Weiterentwicklung des Betreuungsrechts haben wird. Schließlich geht es um nicht weniger als darum, ein fachlich kompetentes und unabhängiges Unterstützungssystem für psychisch kranke Menschen zu gewährleisten.

Hinweis: Dieser Artikel beruht auf einem Beitrag von Alexander Laviziano und Kay Lütgens im Rahmen einer vom BdB durchgeführten Fachtagung zu diesem Thema am 9. November 2016 in Berlin sowie auf den Ergebnissen einer Arbeitsgruppe im Rahmen der Jahrestagung des BdB im Jahr 2016 in Bad Kissingen.

Kay Lütgens
Korrespondenzadresse: kay.luetgens@bdb-ev.de

---

8 ZANDER, LANTZERATH, CREFELD, BRILL; Qualitätsanforderungen und Qualitätskontrolle im Betreuungswesen, Ein Diskussionsbeitrag des VormundschaftsGerichtsTag e. V., BtPrax 2002, 19; siehe dort v. a. auf Seite 21 f. unter der Zwischenüberschrift »Entwicklung von Qualitäts- und Qualifikationsstandards für Berufsbetreuer«.

Meilensteine auf dem Weg zur anerkannten Profession

Horst Deinert

Seit dem 1.1.1992 gibt es Menschen, die rechtliche Betreuungen im Rahmen ihrer Berufsausübung führen. So drückt es der Gesetzgeber aus, der damit das nicht festgelegte Berufsbild des Berufsbetreuers an zahlreichen Gesetzesstellen umschreibt (z. B. in § 1897 Abs. 6 BGB). An einer Stelle wurde das aber übersehen, bei § 286 Abs. 1 Nr. 4 FamFG (der Vorschrift über den Inhalt des Betreuungsbeschlusses), hier heißt es »Berufsbetreuer«.
Die berufliche Tätigkeit in diesem Bereich ist aber älter als das Betreuungsrecht selbst. Vormundschaften (und Gebrechlichkeitspflegschaften) für Erwachsene gibt es nach dem BGB seit 1900, wobei es auch zuvor schon Vorgängerregelungen gab. Der BGB-Gesetzgeber hatte zwar, den historischen Vorbildern folgend, die Vormundschaft grundsätzlich als unentgeltliches Ehrenamt geformt – wie auch offiziell immer noch die Betreuung. Tatsächlich gab es auch schon vor mehr als 50 Jahren nicht genug Personen, die als Familienangehörige oder auch aus allgemeinem Pflichtgefühl bereit und in der Lage waren, die oftmals schwierigen Aufgaben zu übernehmen.

Frühe Formen der beruflichen Führung von Vormundschaften und Pflegschaften für Erwachsene

Die Lösungsansätze waren unterschiedlich. Während in einigen Gegenden zum einen überwiegend aus dem kirchlichen Segment stammende Wohlfahrtsverbände Vormundschaften und Pflegschaften (auch für Volljährige) übernahmen, oft durch Personen mit fürsorgerischer Ausbildung, wurden anderenorts in den Kommunalverwaltungen Mitarbeiter/innen dafür abgestellt, Vormundschaften und Pflegschaften formal als Nebentätigkeit im öffentlichen Dienst, tatsächlich aber als Teil ihrer Berufsausausübung zu führen. Offiziell gegenüber dem Gericht waren das ehrenamtliche Tätigkeiten, tatsächlich wurden die Beschäftigten (meist Verwaltungsfachkräfte) aus dem Kommunalhaushalt bezahlt.

Vormundschaft und Pflegschaft in staatlicher Hand

Im Rahmen der Reform des Nichtehelichenrechtes, das den außerehelich geborenen Kindern den Makel der Illegitimität nehmen sollte (und das eines der ersten großen Reformvorhaben unter dem damaligen Kanzler Willy Brandt war), verbarg sich auch eine unscheinbare Änderung des Jugendwohlfahrtsgesetzes. In den 1920er-Jahren ist mit dem damaligen Reichsjugendwohlfahrtsgesetz die Amtsvormundschaft des Jugendamtes (für Minderjährige bis damals 21 Jahren) eingeführt worden. 1970 sorgte der neue § 49a JWG dafür, dass die Aufgaben offiziell an die kommunalen Jugendämter übertragen wurden – auch für Volljährige unter Vormundschaft oder Gebrechlichkeitspflegschaft, soweit keine geeignete Einzelperson zur Verfügung steht. Mancherorts, z. B. in Hamburg, wurden dafür aber auch damals schon eigenständige Dienststellen gebildet, hauptsächlich mit sozialarbeiterisch ausgebildetem Personal.

Bundesweit wurden zum Inkrafttreten des Betreuungsgesetzes 1992 rund 18 Prozent der in Betreuungen übergeleiteten Vormundschaften und Pflegschaften durch Amtsvormünder und -pfleger/innen geführt. Dies nicht immer gut, mit zum Teil abenteuerlichen Fallzahlen von weit über 100 Personen und kaum angemessener Qualifikation. Und diese Misere war auch einer der Gründe, warum das Betreuungsrecht einen Weg von der anonymen Aktenverwaltung hin zur personenzentrierten Betreuung ebnen sollte. Ein Relikt aus damaliger Zeit ist der § 1900 Abs. 4 BGB, der auch heute noch im extremen Ausnahmefall die Bestellung der Betreuungsbehörde als Betreuerin gestattet.

In der DDR wurden die wenigen Vormundschaften und Gebrechlichkeitspflegschaften durch den Rat des jeweiligen Kreises auch in einer Art Amtsvormundschaft geführt. Hierüber ist kaum noch etwas bekannt oder dokumentiert.

In einigen Gegenden Deutschlands, insbesondere in Bayern, setzte man stattdessen schon früh auf das Engagement von selbstständigen Berufsvormündern. Dies waren meist Rechtsanwält/innen. Seltsam waren die vergütungsrechtlichen Konsequenzen. Die alte Vergütung gab es ausschließlich aus dem Vermögen der betreuten Personen, nur Aufwendungsersatz für Barauslagen konnte auch damals aus der Staatskasse bezahlt werden. Dies hatte zur Folge, dass Berufsvormünder für mittellose Betroffene als Scheinehrenamtler/innen tätig waren. Andererseits mussten vermögende Mündel im Rahmen von Pauschalierungen auf hohem Niveau (vergleichbar der heute noch vorhandenen Ermessensvergütung) für mittellose Klient/innen mitbezahlen. Das Bundesverfassungsgericht beendete 1980 diese verfassungswidrige Praxis.[1] Dennoch brauchte es zwölf Jahre bis zur ersten gesetzlichen Fixierung der Regelung der Betreuervergütung, die notgedrungen im Rahmen des Betreuungsgesetzes erfolgen musste. Wie man sieht, tat sich auch der historische Gesetzgeber bereits schwer damit, für dieses Tätigkeitsfeld angemessener Gelder bereitzustellen.

Mantra des Vorrangs der Ehrenamtlichkeit bleibt bestehen

Auch mit dem 1992 in Kraft getretenen Betreuungsrecht blieb es beim formalen Vorrang des Ehrenamtes. Wer seine eigenen Angelegenheiten regeln könne, müsse das auch für einen anderen beherrschen, so die gesetzgeberische Vorstellung. Die Betreuung blieb, wie zuvor Vormundschaft und Pflegschaft, ein Ehrenamt, zu dem es eine staatsbürgerliche Übernahmepflicht gibt (§ 1786 ff. für Minderjährige, § 1898 BGB für Volljährige). Lediglich Zwangsmaßnahmen zur Bestellung unwilliger potenzieller Betreuer/innen entfielen, denn die Einsicht, dass jemand, der gezwungenermaßen eine Betreuung führen müsse, keine gute Arbeit abliefern werde, war bereits vorhanden.

---

1 BVerfG, Urteil v. 1.7.1980 – 1 BvR 349/75 u. 1 BvR 378/76; NJW 1980, 2179.

Fachlichkeit für berufliche Betreuungsführung schon früh festgestellt?

Kurz nach Beschlussfassung des Betreuungsgesetzes im Jahre 1990 durch den Bundestag hatte das Bundesjustizministerium eine Rechtstatsachenforschung zu einem Ausbildungs- bzw. Anforderungsprofil für hauptamtliche Betreuer/innen und Sachverständige in Auftrag gegeben, die unter der Leitung von Frau Prof. Oberloskamp 1992 ein Gutachten veröffentlichte.[2]

Dies beinhaltete bereits erste Skizzen für einen (akademischen) Ausbildungsgang auf der Basis der Sozialarbeit (mit starken rechtlichen Anteilen) und Aussagen über wünschenswerte Fertigkeiten und konkret zu vermittelnde Fachkenntnisse. Diese Zusammenfassung stellt auch heute noch ein Kompendium dar, das auf wenigen Seiten einen Überblick zur Planung von Studiengängen und Weiterbildungen für beruflich tätige Betreuer/innen liefert.[3]

Obwohl diese erste wissenschaftliche Untersuchung vollkommen widerspruchslos blieb, zog der Gesetzgeber hieraus keine konkreten Schlussfolgerungen. In das Betreuungsgesetz in seiner ursprünglichen Fassung konnten die Vorschläge aufgrund des Veröffentlichungsdatums natürlich noch nicht einfließen. So ergab sich eine »Abstimmung mit den Füßen«. In den 1990er-Jahren stiegen die Betreuungsfälle rasant an. Zu diesem Zeitpunkt stiegen Personen in die berufliche Betreuungsführung ein, die zum großen Teil (jedenfalls in den alten Bundesländern) aus sozialen Berufsfeldern stammten und die bislang im selbstständigen Bereich hauptsächlich tätigen Rechtsanwälte zurückdrängten. Bei Letzteren sind derzeit rund acht Prozent der Betreuerbestellungen eines Jahres zu finden, während die anderen Berufsgruppen rund 30 Prozent der neuen Betreuerbestellungen übernehmen und weitere sieben Prozent Mitarbeiter/innen der Betreuungsvereine, Behördenmitarbeiter/innen nur noch ganz marginal.[4]

---

2 OBERLOSKAMP pp: Hauptamtliche Betreuer und Sachverständige; Hsrg. vom Bundesministerium der Justiz, Bonn, Bundesanzeiger 1992.
3 OBERLOSKAMP aaO, S. 111 ff.
4 Vgl. BfJ: Sondererhebung Verfahren nach dem BtG; zitiert z. B. bei DEINERT, Betreuungszahlen 2015, BtPrax 2016, 218.

Betreuungsrechtsänderungsgesetz – Kostenreduktion und Differenzierung in ehrenamtliche und berufliche Betreuungsführung

Als 1999 das 1. Betreuungsrechtsänderungsgesetz in Kraft trat, wurde neben anderen Maßnahmen (Stärkung der Vorsorgevollmacht und Absenkung der Stundensätze der Betreuervergütung mit einer Besitzstandswahrung für bereits beruflich tätige Personen) auch die Unterscheidung in ehrenamtliche und beruflich zu führende Betreuungen vorgenommen.

Zuvor wurde eine berufliche Betreuungsführung ziemlich irregulär erst im Vergütungsfestsetzungsverfahren ermittelt. Mit der Folge, dass Betreuer/innen von verschiedenen Gerichten unterschiedliche Aussagen dazu erhielten. Stattdessen sollte seit 1999 bereits bei Beginn jeder einzelnen Betreuerbestellung gerichtlich festgestellt werden, ob diese von einem Ehrenamtler oder von einer beruflich tätigen Person zu führen sei. Die drei bis heute bekannten Vergütungsstufen – nach beruflicher Vorqualifikation – wurden in diesem Rahmen ebenso eingeführt wie die Eignungsaussage gegenüber dem Gericht durch die Betreuungsbehörde bei erstmaliger beruflicher Bestellung.

Obwohl das Ganze unter dem Spardiktat der Justizminister/innen stand, ist ein Aspekt positiv zu werten: Diese Regelungen waren im Grunde eine erste regierungsamtliche Akzeptanz, dass Betreuungsführung professionelle Kenntnisse erfordern kann. Unglücklich blieb, dass den Betreuungsbehörden weder inhaltlich noch personell etwas an die Hand gegeben wurde, womit rechtssichere Empfehlungen hätten getätigt werden können. Das einzige bis heute im Gesetz selbst genannte Kriterium ist die Sollregelung in § 1897 Abs. 7 BGB, wonach angehende Berufsbetreuer/innen ein Führungszeugnis (Auskunft aus dem Bundeszentralregister) und eine Auskunft aus dem Schuldnerverzeichnis vorlegen sollen. Offenbar erwartete der Gesetzgeber, dass auf diese Weise Personen mit krimineller Vorgeschichte und ungeordneten wirtschaftlichen Verhältnissen nicht als Berufsbetreuer/in vorgeschlagen werden – allerdings ohne dies ausdrücklich zu sagen und den Behörden verbindlich vorzugeben.

Die Empfehlungen zur Betreuerauswahl, die die kommunalen Spitzenverbände und überörtlichen Betreuungsbehörden mit jahrelanger

Verspätung entwickelten, haben bis heute keine Verbindlichkeit und blieben, da sie keinen Rechtsweg für die Bewerber/innen eröffnen, unzureichend.[5] Allerdings sind sie angesichts der Untätigkeit des Gesetzgebers auch für die Behörden nur als Notlösung zu sehen.

Nachqualifikation nach dem 1. BtÄndG

Mit dem 1. Betreuungsrechtsänderungsgesetz kam aber auch eine inzwischen schon in Vergessenheit geratene Regelung wieder aufs Tapet: nachträgliche Qualifikationsmaßnahmen für berufliche Betreuungspersonen.

Wie erwähnt, war das 1. BtÄndG ein Spargesetz. Die Vergütungsstundensätze, zuletzt vorher zwischen 25 und 125 DM/Std, wurden im Rahmen des neuen dreistufigen Verfahrens auf 35 bis 60 DM abgesenkt (ab 2002 im Rahmen der Euroumstellung zwischen 18 und 31 Euro).

Für Personen, die vor 1999 bereits Betreuungen beruflich geführt hatten, sollte es zum einen eine Übergangsphase mit erhöhtem Stundensatz geben, zum anderen eine Möglichkeit, durch Absolvierung einer Nachqualifizierung mit anschließender Prüfung, dauerhaft in den höheren Vergütungsstundensatz eingestuft zu werden.

Diese Regelung fand sich zunächst in § 2 des neu eingeführten Berufsvormündervergütungsgesetzes, sie wurde zum 1.7.2005 weitgehend unverändert in das noch heute geltende VBVG (dort § 11) übernommen.

Die meisten Bundesländer hatten aufgrund einer Absprache zwischen den Justizressorts eigene landesrechtliche Ausführungs- und Prüfungsbestimmungen erlassen, die es Personen bis 2005 (als die letzten Prüfungen endeten) erlaubten, komprimierte Fortbildungen zu betreuungsrelevanten Themen zu besuchen und durch eine Einstufungsprüfung in die 2. oder (meist) 3. Vergütungsgruppe zu gelangen. Diejenigen Bundesländer, die keine eigenen Prüfungsbestimmungen für notwendig erachteten (wie NRW), regelten allerdings die Anerkennung von Einstufungsprüfungen, die in anderen Bundesländern absolviert worden sind.

Diese Lehrgänge (350 bis 500 Unterrichtsstunden) wurden von den Teilnehmenden allgemein als sehr hilfreich für die Betreuungstätigkeit

---

5 http://www.lwl.org/spur-download/bag/auswahl_rechtlicher_betreuer.pdf

angesehen. Und obwohl dadurch ein einheitliches Fachwissen vermittelt werden konnte, endeten die Lehrgänge ca. fünf Jahre nach dem 1. BtÄndG. Obwohl das Gesetz diese Interpretation nicht stützte, kam das Ende mit der Begründung, die Nachqualifizierungsmaßnahmen seien lediglich zur Besitzstandswahrung konzipiert gewesen. Die Möglichkeit, hieraus eine eigenständige Berufsbetreuerausbildung zu entwickeln, war vertan. Die landesrechtlichen Regelungen (mit Ausnahme der fortgesetzten Anerkennung früherer Prüfungen) sind inzwischen aufgehoben worden.

Pauschalierung vs. Qualitätssicherung

Mit dem 2. Betreuungsrechtsänderungsgesetz zum 1.7.2005 kam eine Abkehr von ersten Bestrebungen, die Fachlichkeit im Betreuungswesen zu stärken. Die Vergütungsabrechnungen von beruflichen Betreuungspersonen hatten inzwischen, auch infolge der Erwartungen von Justizseite, einen erheblichen Dokumentationsaufwand erreicht, z.T. wurden die Tätigkeitsbeschreibungen auf Minuten heruntergebrochen. Die Vorstellung der Justiz, die steigenden Kosten durch schärfere Abrechnungsvorgaben zu bremsen, hatte sich als Trugschluss herausgestellt. Um den Prüfungsaufwand bei der Justiz wieder zu mindern, aber auch, um potenziellem Missbrauch bei der Abrechnung einen Riegel vorzuschieben, wurde die Betreuervergütung unabhängig vom konkreten Einzelaufwand pauschaliert. Als Vorbild diente dabei eine Untersuchung des Kölner Institutes ISG.[6]

Für berufliche Betreuer/innen bedeutete das eine Abkehr von spezialisierter Tätigkeit (auf bestimmte Personengruppen bezogen) und ein Hin zur amtlich ausdrücklich gewünschten Mischkalkulation aus schwierigen und (vermeintlich) einfachen Betreuungsfällen, was wiederum im Widerspruch zum Anliegen des 1. Betreuungsrechtsänderungsgesetzes stand.

Missverständlicherweise wurden auch die drei Stundensätze aus der vorherigen Gesetzesreform beibehalten, obwohl sie durch die Pauschalierung ihre vormalige Bedeutung verloren hatten. Grundidee bei der Einführung

---

6 SELLIN u.a.: Qualität, Aufgabenverteilung und Verfahrensaufwand bei rechtlicher Betreuung; Rechtstatsachenforschung, ISG Köln 2003.

der drei Vergütungsstufen war, dass eine besser qualifizierte Betreuerin die gleiche Aufgabe schneller (unter Verzicht auf Einzelfallrecherche) würde lösen können und entsprechend weniger Stunden abrechnen würde, als ein weniger qualifizierter Betreuer. Unterm Strich hätte das beiden Betreuer/innen annähernd die gleiche Vergütung einbringen sollen.

Abgesehen von der Frage, wie realistisch diese Vorstellung war, brachte die neue Vergütungspauschalierung ab 1.7.2005 ein Element der tariflichen Bezahlung ins System. Nach dem Tarifrecht (hier das des öffentlichen Dienstes) werden bisweilen gleichartige Tätigkeiten auch von Personen mit unterschiedlicher Basisqualifikation erbracht. Folge sind unterschiedlich hohe Monatsgehälter, weil die Tarifmerkmale des öffentlichen Dienstes nicht nur auf konkrete Tätigkeiten, sondern auch auf Vorbildung (z. B. als Dipl.-Sozialarbeiter) abstellen.

Neben diesem offenbar unbeabsichtigten Effekt war im 2. BtÄndG wenig an Qualitätssicherungselementen enthalten. Übrig blieb in § 1901 Abs. 4 BGB die Verpflichtung zur Erstellung eines Betreuungsplanes zu Beginn der Betreuung, wenn das Gericht im Einzelfall einen solchen anordnet und die Verpflichtung der Betreuungsbehörde, bei dessen Erstellung zu unterstützen (§ 4 BtBG). Auch zwölf Jahre nach Inkrafttreten der Regelung ist nicht zu erkennen, dass diese auch nur annähernd flächendeckend angewendet wird. Angesichts eines Fehlens von Soll-Ist-Vergleichen erscheint der Betreuungsplan im System der gerichtlichen Aufsicht über Betreuer/innen derzeit auch weiterhin wie ein Fremdkörper.

Bisherige Gesetzesänderungen

Danach gab es im Wesentlichen eine Verfahrensrechtsreform (zum 1.9.2009), zugleich die gesetzliche Fixierung der Patientenverfügung und die Bindung der Betreuer/innen an den Willensvorrang der Patient/innen. 2011, nachdem erste Berichte eine Verminderung der Anzahl persönlicher Kontakte als Folge der Pauschalierung zu den betreuten Menschen nahelegten,[7] folgte die Ergänzung mehrerer Bestimmungen bei der Berichtspflicht (z. B. in § 1840 BGB) und beim möglichen Betreuerwechsel (§ 1908b Abs. 1 BGB), wenn der Betreuer den persönlichen Kontakt aus Sicht des Gerichtes nicht intensiv genug hält.

---

7 KÖLLER/ENGELS: Rechtliche Betreuung in Deutschland. Evaluation des 2. BtÄndG; Bundesanzeiger, Köln 2009, S. 96 ff.

Systematische Qualifikation von Berufsbetreuer/innen

Mit Studienangeboten, die gezielt für die berufliche Betreuungstätigkeit qualifizieren, halten sich die Hochschulen in Deutschland bis auf wenige Ausnahmen zurück. Allerdings fehlt für ein flächendeckendes Angebot auch der Wille des Bundes und der Landesgesetzgeber. Punktuelle Weiterbildungsangebote sind zwar vorhanden, es fehlt aber eine spezielle Ausbildung anhand gemeinsam vereinbarter Standards.

Die Medien berichten immer wieder von Betreuungsmissbräuchen, meist geht es dabei um Untreuehandlungen zum Nachteil von Klient/innen. In der Regel wird hierbei nicht unterschieden, ob die Täter/innen ehrenamtliche Betreuungspersonen oder Berufsbetreuer/innen waren; manchmal werden Missbräuche durch Vorsorgebevollmächtigte in einen Hut geworfen. Jedenfalls ist die Betreuerschaft, wie eine kleine Internetrecherche jederzeit ergibt, in der Medienöffentlichkeit eher negativ konnotiert.

Erste kriminologische Untersuchungen zeigen, dass es im sensiblen Bereich des Umgangs mit Menschen, die der Hilfe und Unterstützung eines Dritten bedürfen, stets eine Gefahr des Missbrauchs gibt.[8] Diesem kann entgegengewirkt werden durch

- gründliche Auswahl geeigneter Betreuungspersonen anhand klarer Kriterien und auf rechtsstaatlichem Weg (mit Rechtsweggarantie);
- systematische Begleitung und Hilfestellung durch funktionsfähige Gerichte und Behörden;
- effektive Aufsicht bei besonders schadensgeneigten Bereichen (das Erstellen des Vermögensverzeichnisses bei Betreuungsbeginn wird hier als besonders risikoreich eingeschätzt);
- Sicherstellung vernünftiger Arbeitsbedingungen mit angemessener Entschädigung und sozialer Absicherung;
- Regelungen zur beruflichen Weiterbildung, zum fachlichen Austausch und zur Berufsgerichtsbarkeit – Letztere wären vor allem durch eine Berufskammer sicherzustellen.

Die Berufsverbände propagieren eine systematische Qualitätssicherung durch verschiedene Maßnahmen. Diese führen letztlich zu einem Studium

---

[8] Siehe z. B. GÖRGEN pp. Sicherheitspotenziale im höheren Lebensalter, Münster 2014 (neues Projekt zur Untersuchung der Kriminalität von Betreuern derzeit gestartet).

mit betreuungsspezifischem Inhalt (auf der Basis der Sozialen Arbeit), einer Berufszulassung (statt der unwürdigen Fallzahlregelung in § 1 VBVG) und einer Betreuerkammer mit Aufsichtsbefugnissen.[9]

Derzeit ist hiervon seitens des Gesetzgebers kaum etwas zu erkennen. Zwar bekunden Vertreter/innen aus dem politischen Raum immer wieder ihre Sympathie für solche qualitätssichernden Maßnahmen, letztlich sind diese aber bisher nie in Gesetzesform gebracht worden. Es ist zu vermuten, dass fiskalische Überlegungen in der Hauptsache der Grund für die Widerständigkeit der »amtlichen« Sichtweise sind.

Blick auf andere Berufsregelungen

Lassen Sie uns an dieser Stelle etwas innehalten und einen Blick über den Tellerrand werfen. Auch bei anderen »neueren« Berufen war der Weg hin zu gesicherten Ausbildungs- und Qualitätssicherungssystemen lang und steinig.

Ein Beispiel hierfür soll die Notfallrettung sein, die – das mag auf den ersten Blick überraschen – zahlreiche Parallelen zu der hier dargestellten Entwicklung hat. Die medizinische Erstversorgung von akuten Notfallpatient/innen lag lange Zeit in der Hand ehrenamtlicher Ersthelfer/innen und Sanitäter/innen, die von karitativen Organisationen wie dem Roten Kreuz oder dem Arbeiter-Samariter-Bund, aber auch kirchlichen Vereinen, wie der Johanniter-Unfall-Hilfe oder dem Malteser Hilfsdienst, angeleitet wurden. Dies betraf auch die Personen, die am Ort des Notfallgeschehens dafür zu sorgen hatten, dass die Patient/innen möglichst schnell und lebend in eine Krankenhausversorgung verbracht werden mussten. Als »Krankenwagenfahrer/innen« wären diese Personen am geeignetsten bezeichnet worden.

Auf der Basis einer Minimalausbildung von wenigen Unterrichtsstunden (kaum mehr als der heute noch bekannte Erste-Hilfe-Kurs von acht Doppelstunden) und viel gutem Willen wurden die Patient/innen, leider oft ohne Beachtung von gravierenden Unfallverletzungen und meist ohne unverzügliche Herz-Lungen-Wiederbelebung, in das Krankenfahrzeug verbracht und mit Blaulicht in das Hospital verfrachtet. Ob die Patient/

---

9 Siehe zu Letzterem KLUTH: Rechtsgutachten zu den rechtl. Rahmenbedingungen für die Errichtung einer (Bundes-) Kammer für Betreuer; Halle/Saale, 2016.

innen lebend ankamen oder sogar durch unsachgemäße Erstversorgung noch zusätzliche Schäden erlitten, war eher Zufall.

In den 1970er-Jahren unternahmen die genannten Organisationen, unterstützt durch Fachleute aus dem medizinischen System und durch Interessengruppen wie der Björn-Steiger-Stiftung, erste Versuche, die Ausbildung dieser Sanitäter/innen grundsätzlich zu verbessern. 1977 hat der Bund-Länder-Ausschuss Rettungswesen eine »520-Stunden-Ausbildung« zum Rettungssanitäter als Mindeststandard etabliert, teilweise mit theoretischer, aber auch praktischer Ausbildung im Rettungseinsatz und im Krankenhaus. Die theoretische Ausbildung erfolgte an Fachschulen. Erst 1989, also zwölf Jahre später, wurde die erste formale Ausbildung zum »Rettungsassistenten« etabliert, sie dauerte zwei Jahre. Und wiederum 15 Jahre später, im Jahre 2014, wurde aus diesem Ausbildungsgang eine dreijährige Ausbildung, der/die »Notfallsanitäter/in«.

Wobei es die Ausbildung im Rettungsdienst gegenüber derjenigen im Betreuungswesen insofern einfacher hatte, weil bei Ersterer die Ergebnisse guter (wie auch schlechter) Arbeit recht schnell festgestellt werden können. Die Rettung auch nur eines einzigen Menschenlebens rechtfertigt jede Anstrengung. Dennoch brauchte es Jahrzehnte, bis sich der Gedanke, auch die wenigen Minuten vom Notfall bis zur ärztlichen Krankenhausversorgung Spezialist/innen zu überlassen, konsequent etabliert und durchgesetzt hatte. Selbstverständlich waren auch hier Kostenargumente Hinderungsgründe, die Ausbildungsgänge früher einzurichten.

Berufsrecht für Betreuer/innen?

Zurück zur beruflichen Führung von Betreuungen (sowie Vormundschaften und Pflegschaften). Derzeit gibt es mehrere Ärgernisse, insbesondere aus der Sicht der Betreuer/innen.

So ist zu kritisieren (natürlich neben der insgesamt zu niedrigen Vergütung, die aber nicht im Fokus dieses Beitrags steht):

1. Die Frage, wann man Betreuungen beruflich führt, also einen verbindlichen Vergütungsanspruch hat, wird nicht einheitlich beantwortet. In § 1836 Abs. 1 BGB ist ebenso wie in § 1897 Abs. 6 BGB der Ausnahmecharakter der Beruflichkeit aufgeführt, was der Rechtswirklichkeit nicht

entspricht. Inzwischen haben berufliche Betreuerbestellungen (rechnet man diejenigen nach einem Betreuerwechsel mit) die 50-Prozent-Marke überschritten.[10] Berufliche Betreuungsführung ist also nicht mehr die Ausnahme, sondern die Regel. Der Gesetzgeber hat dem bisher nicht ausreichend Sorge getragen. § 1 des Vormünder- und Betreuervergütungsgesetzes, der den früheren § 1 BVormVG abgelöst hat, ist nicht wirklich hilfreich. Wenn dort dem Richter als Ermessenseinschränkung vorgegeben wird, über den zehnten Fall hinausgehende weitere Betreuungen grundsätzlich als beruflich geführt zu übertragen, bleibt die Frage: Was ist mit den ersten bis zu zehn Betreuungen? Bleiben sie (so die Praxis in manchen Amtsgerichtsbezirken) dauerhaft als (schein-)ehrenamtliche Betreuungen erhalten, auch wenn der Betreuungsperson für die anderen Betreuungen die Beruflichkeit zuerkannt wurde? Solche vermeintlich ehrenamtlichen Betreuungen verschlechtern zusätzlich die Grundlagen der Existenzsicherung. Hinzu kommt, dass wegen des Fehlens einer generellen Berufszulassung in jeder einzelnen Betreuung (sowie Vormundschaft und Pflegschaft), auch bei jedem Betreuerwechsel, erneut die Beruflichkeit im Beschluss aufgenommen sein muss (§ 286 Abs. 1 Nr. 4 FamFG) und dass dann, wenn sie fehlt (auch irrtümlich), eine nachträgliche Änderung nur für die Zukunft wirksam ist (so der BGH in mehreren Entscheidungen). Das Risiko, dass beim Gericht etwas übersehen wurde, wird allein dem Betreuer oder der Betreuerin aufgebürdet. Nach derzeitigem Recht müssen Betreuer/innen sogar mit einer existenzbedrohenden Rückforderung von Vergütungsauszahlungen für das laufende und vergangene Kalenderjahr rechnen.

2. Korrekt wäre, dass der Person, die als Berufsbetreuer/in tätig werden will und dazu geeignet ist, bereits die erste Betreuung mit dem Status »berufliche Führung« übertragen würde. Allenfalls wäre daran zu denken, ein bis zwei ehrenamtliche Betreuungen zu übernehmen, das wird allgemein als staatsbürgerliche Verpflichtung angenommen (z. B. in § 1786 BGB, aber auch in anderen Gesetzen). Das derzeitige Prozedere ist, jedenfalls an manchen Orten, geradezu unwürdig für viele Betreueraspirant/innen.

3. Die einzelnen Gerichte (und ergänzend Betreuungsbehörden) wenden unterschiedlich strenge Maßstäbe an, ab welcher Betreuungszahl die Beruflichkeit festgestellt wird. Dass solches auch Gegenstand von

---

10 Vgl. BfJ: Sondererhebung Verfahren nach dem BtG; zitiert z. B. bei DEINERT, Betreuungszahlen 2015, BtPrax 2016, 218 sowie in bdbaspekte, Heft 112/2017.

»Deals« sein kann, wenn man spezielle Fachkenntnisse einbringt, die gerade vor Ort sehr gefragt sind, ist aus rechtsstaatlicher Sicht ebenfalls unakzeptabel und zeigt deutlich, wie sehr ein rechtssicheres Verfahren mit individuellen Rechtsschutzmöglichkeiten fehlt.

4. Dass Betreuungsbehörden (seit 1999) bei der erstmaligen Bestellung beruflich tätiger Betreuer/innen deren allgemeine Eignung einschätzen sollen (§ 1897 Abs. 7 BGB) und später dann bei den einzelnen Betreuungsvorschlägen (§ 8 Abs. 2 BtBG, § 279 Abs. 2 FamFG), ist zunächst positiv. Negativ ist aber, dass es für die Eignungserklärung keine nachvollziehbaren und nachprüfbaren Kriterien gibt und auch die Qualifikation der Behördenmitarbeiter/innen, die diese abgeben sollen, sehr unterschiedlich ausfallen kann. Daran ändert auch das seit 2014 in das BtBG aufgenommene Fachkräftegebot (§ 9 BtBG) erst einmal nichts. Die Empfehlungen zur Auswahl von Betreuer/innen (siehe oben) können dabei nur einen Notbehelf darstellen, der weder zukunfts- noch rechtssicher ist.

5. Auch die Höhe der Vergütung beruflich tätiger Betreuer/innen ist im derzeitigen Recht nicht gesichert. Selbst langjährig tätige Berufsinhaber/innen werden durch höchstrichterliche Rechtsprechung in den Vergütungsstufen des § 4 VBVG herabgestuft, weil der BGH oftmals schärfere Maßstäbe an die Anerkennung von Berufs- und Studienabschlüssen anlegt als die Instanzgerichte in den Jahren zuvor ab 1999. Letztlich ist kein Berufs- oder Studienabschluss wirklich vergütungsfest. Weil (flächendeckend) kein auf die Betreuertätigkeit speziell bezogener Ausbildungsgang besteht, kann der BGH immer wieder argumentieren, dass die Ausbildung betreuungsspezifische Kenntnisse nicht oder nicht als Kern vermittelt habe. Zudem wurde durch den BGH das, was für eine erfolgreiche Betreuungsführung besonders bedeutsam ist, nämlich Berufs- und Lebenserfahrung sowie Weiterbildung, als vergütungsrechtlich irrelevant abqualifiziert.[11] Es ist eine verrückte Welt, wenn all das, was in anderen Berufen besonders geschätzt wird und die Fachlichkeit besonders ausmacht, in einem so sensiblen Bereich wie der Unterstützung für hilfsbedürftige Menschen keine Bedeutung haben soll.[12]

6. Wenn immer wieder Pflichtwidrigkeiten von Betreuer/innen medial kritisiert werden, hat dies auch mit mangelnder Unterstützung durch Gerichte

---

[11] Übersichten z.B. bei DEINERT: Neue Rechtsprechung der Bundesgerichte zur Betreuervergütung; Rpfleger 2014, 179 und Rpfleger 2017, 196.
[12] Siehe hierzu auch die Handlungsempfehlungen 2 und 3 in der neuen ISG-Studie: ENGELS/KÖLLER pp: Qualität in der rechtlichen Betreuung, Köln 2017.

und Behörden sowie mit unzureichender Aufsichtsführung zu tun. Hier tauchen strukturelle Mängel in der Personalausstattung, aber auch der Ausbildung der Personen in solchen Institutionen auf. Eine berufsrechtliche Aufsicht, wie sie bei Ärzt/innen, Anwält/innen und Steuerberater/innen den Normalfall darstellt, würde auch diese Institutionen entlasten und ihnen helfen, sich auf ihre Hauptaufgaben zu konzentrieren.

Berufszulassung für Betreuer/innen?

Betreuertätigkeit stellt eine Rechtsdienstleistung im Sinne des Rechtsdienstleistungsgesetzes (RDG) dar, welches 2008 das alte Rechtsberatungsgesetz abgelöst hat. Betreuer/innen tauchen als »gerichtlich bestellte Person« selbst in § 8 des RDG auf. Ihnen ist die (rechtliche) Beratung der betreuten Personen gestattet, die im besten Sinne als »Klient/innen« zu verstehen sind. Im Steuerrecht ist die Hilfestellung für die Klient/innen durch Betreuer/innen mit Aufgabenkreis Vermögenssorge ausdrücklich gestattet (§ 4 Nr. 4 Steuerberatungsgesetz). In den Verwaltungsverfahrensbestimmungen und den Prozessordnungen kann der Betreuer oder die Betreuerin als »Beistand« für den Klienten oder die Klientin sprechen, ohne diese rechtlich zu beschränken.[13] All dies entspricht den Vorgaben der UN-Behindertenrechtskonvention im Sinne einer »Unterstützten Entscheidungsfindung«. Und auch die stellvertretenden Entscheidungen für diejenigen, bei denen die Hilfestellung (auch im Sinne des § 1901 Abs. 4 BGB) nicht ausreicht, also die gesetzliche Vertretung nach § 1902 BGB (ggf. in Verbindung mit § 53 ZPO), ist Rechtsfürsorge.

Betreuer/innen sind Rechtsfürsorger/innen

Betreuer/innen sind also Rechtsfürsorger/innen. Daran ändert sich auch nichts, wenn sie diese Aufgaben mit der aus der Sozialarbeit bekannten Fachlichkeit (strukturierte Einzelfallhilfe = Case Management) erbringen sollten.

---

[13] Details bei DEINERT/LÜTGENS: Die Stellung des Betreuers und (Vorsorge)Bevollmächtigten gegenüber Behörden, BtPrax 2017, 135.

Diese Überlegungen bieten den Anlass, auf eine Möglichkeit hinzuweisen, die erste Hürde auf dem Weg zur Berufsanerkennung zu überschreiten. Ein Berufsgesetz (mit eigener Betreuerkammer) muss dabei das Ziel sein,[14] aber ein erster, nicht unerheblicher Zwischenschritt kann eine Anerkennung besonderer Sachkunde nach dem Rechtsdienstleistungsgesetz sein.

Rechtsdienstleistung aufgrund besonderer Sachkunde (Vorschlag für künftiges Recht)

Das RDG kennt derzeit drei Formen der Rechtsdienstleistungen aufgrund besonderer Sachkunde: die Inkassodienstleistung, die Rentenberatung und die Rechtsdienstleistung in einem ausländischen Recht (§§ 10ff. RDG). Hierbei könnte durch relativ unkomplizierte Gesetzesänderung eine vierte Rechtsdienstleistung hinzukommen, nämlich die berufliche Führung von Betreuungen (sowie Vormundschaften und Pflegschaften).

Hierfür ist eine Registrierung bei einer festzulegenden Stelle nötig. Dies könnte (ähnlich wie bei den früheren Nachqualifizierungsprüfungen) die jeweilige überörtliche Betreuungsbehörde sein oder (wie bei den bestehenden Formen das OLG) – noch besser natürlich – eine zu errichtende Betreuerkammer. Allerdings wäre das auch (einstweilen) ohne die Kammer möglich; eine spätere Überführung in die Kammer wäre ohne Weiteres realisierbar.

§ 11 RDG beschreibt die besondere Sachkunde; hier wäre eine entsprechende Ergänzung nötig. Möglich wäre z. B. eine Übernahme der bereits in der anfangs erwähnten BMJ-Studie von Oberloskamp genannten Lehrinhalte. § 12 RDG enthält Regelungen über die persönliche Eignung und Zuverlässigkeit sowie zur Haftpflichtversicherung, genauer und besser als bisher § 1897 Abs. 7 BGB (und § 1837 Abs. 2 BGB).[15]

Verlangt wird neben einem Nachweis der praktischen Sachkunde durch mindestens zwei Jahre geeignete Berufstätigkeit auch der Nachweis

---

14 Siehe dazu BECKER: Das Berufsrecht der Berufsbetreuer/innen; in: KLUTH (Hrsg.): Jahrbuch des Kammer- und Berufsrechts 2015; S. 216ff.
15 Siehe hierzu auch die Handlungsempfehlung 6 in der neuen ISG-Studie: ENGELS/KÖLLER pp: Qualität in der rechtlichen Betreuung, Köln 2017.

theoretischer Sachkunde. Die §§ 2 bis 5 der Verordnung zum Rechtsdienstleistungsgesetz werden hierbei konkreter. In § 2 dieser Verordnung könnten Berufs- und Studienabschlüsse, die für die Betreuung brauchbar sind, konkret benannt werden. Da die meisten Ausbildungsgänge Defizite in Teilbereichen, die für die Betreuertätigkeit nützlich sind, aufweisen dürften, wäre als Ergänzung dazu der erfolgreiche Besuch eines Sachkundelehrgangs (§ 4 VO zum RDG) als Nachweis sinnvoll. Also anders als bei den bisherigen Tätigkeiten nach § 11 RDG nicht anstelle, sondern zusätzlich zu einer Ausbildung bzw. einem Studium. Dies ließe sich im Gesetz (und der Verordnung) unterbringen, ohne große Brüche in der Systematik zu erzeugen. Dieses Verfahren wäre auch eines, das wegen der anderen Registrierungen der Justiz und Verwaltung nicht fremd wäre.

Die Sachkundelehrgänge könnten sich unter der Leitung bzw. Aufsicht von (Fach-)Hochschulen an den Lehrinhalten der Nachqualifizierungslehrgänge von 1999 bis 2005 orientieren. Wenn sie modular aufgebaut sind, könnten sie auch Bestandteil von grundständigen Studiengängen zu einem Betreuungs-Bachelor o. Ä. sein.

Ergänzt werden müssten die Regelungen durch Anpassungen insbesondere des Betreuervergütungsrechtes. So müsste die Registrierung die Fallzahlregelung in § 1 VBVG ablösen (für eine Übergangszeit könnten sie nebeneinander bestehen) und zugleich die erste Vergütungsstufe abschaffen.

Horst Deinert
Korrespondenzadresse: www.horstdeinert.de
horst.deinert@gmx.de

BETREUUNGSRECHT

Rechtliche Entwicklungen in der Betreuungsarbeit

Kay Lütgens

Im Jahr 2017 – gegen Ende der Legislaturperiode – gab es noch einmal mehrere Gesetzesänderungen. Aus Sicht der beruflich tätigen Betreuer/innen war aber sicherlich gerade eine Änderung, die nicht stattgefunden hat, das wichtigste Ereignis in diesem Jahr.

Was nicht stattgefunden hat

Gesetzentwurf zur Erhöhung der Betreuervergütung und zu einem Vertretungsrecht für Ehegatten in der Gesundheitssorge

Es dürfte inzwischen leidlich bekannt sein: Das Bundesministerium der Justiz und für Verbraucherschutz (BMJV) hatte vor längerer Zeit beim Institut für Sozialforschung und Gesellschaftspolitik (ISG) eine Studie in Auftrag gegeben, um verlässliche Daten über die Vergütungssituation von Berufsbetreuer/innen und möglicherweise bestehende Qualitätsmängel in der Betreuungsarbeit zu erlangen. Der bereits Ende 2016 veröffentlichte zweite Zwischenbericht, der sich vorwiegend mit der Vergütungssituation befasst, und der Abschlussbericht belegen eindeutig, dass Berufsbetreuer/innen durch ihre Tätigkeit in der Regel erheblich weniger verdienen können, als es z. B. im öffentlichen Dienst beschäftigte Sozialpädagog/innen tun. Die Betreuervergütung ist seit der Einführung des Pauschalsystems im Jahr 2005 weder an die allgemeine Preisentwicklung noch an die veränderten Arbeitsbedingungen angepasst worden – unter anderem hat die Studie eindeutig belegt, dass beruflich tätige Betreuer/innen für 24 Prozent der aufgewendeten Arbeitszeit keine Vergütung erhalten. In der Kurzfassung des Abschlussberichts der ISG-Studie[1] heißt es dazu u. a.:

---

[1] S. 16 f., 22; die Kurzfassung des Abschlussberichts, Kapitel 10 des Berichts mit zentralen Ergebnissen und Handlungsempfehlungen sowie der vollständige Abschlussbericht können von der Internetseite des BMJV http://www.bmjv.de/DE/Service/Fachpublikationen/Fachpublikationen_node.html heruntergeladen werden (Stand: 20.12.2017).

» Im Durchschnitt aller Betreuungen lag die tatsächlich aufgewendete Zeit mit 4,1 Stunden um 24 % über der vergüteten Zeit von 3,3 Stunden pro Betreuung und Monat. Ein durchschnittlicher Berufsbetreuer mit 38 Betreuungen, die durchschnittlich entlang der 16 Fallkonstellationen nach Dauer der Betreuung, Aufenthalt des Betreuten und Vermögensstand gemäß § 5 Absatz 1 und 2 VBVG durchmischt sind, wendet damit pro Woche 35,7 Stunden auf und erhält davon 29,0 Stunden vergütet.

Da die Validität dieser Angaben sich in mehrfacher Überprüfung bestätigt hat, lässt sich daraus der Schluss ziehen, dass bei Beibehaltung des aktuellen Vergütungssystems die pauschalen Stundenansätze einer deutlichen Korrektur bedürfen.

Bezüglich der Finanzierungssituation der Betreuungsführung durch Vereinsbetreuer wurde gezeigt, dass selbst unter der Annahme, dass der tatsächliche Zeitaufwand dem vergüteten Zeitaufwand entspricht, die Arbeitgeberkosten für einen Vereinsmitarbeiter, der in Vergütungsstufe eingruppiert ist (44 €), nicht ganz gedeckt sind. Wenn hingegen der tatsächliche Zeitaufwand gemäß der Zeitbudgeterhebung herangezogen wird, besteht eine beträchtliche Finanzierungslücke.

(…) bleibt festzuhalten, dass den Berufsbetreuern und den ehrenamtlichen Betreuern der hohe Stellenwert der Autonomie und Selbstbestimmung der Betreuten durchaus bewusst ist, dass aber die Unterstützung der Betreuten in der praktischen Umsetzung oft schwierig ist. Weiterhin ist deutlich geworden, dass die tatsächlich aufgewendete Zeit der Berufsbetreuer die vergütete Arbeitszeit überschreitet. «

Bei der Bewertung dieser Zahlen darf im Übrigen nicht übersehen werden, dass diese nur die Bezahlung der tatsächlich geleisteten Arbeit berücksichtigen. Die UN-Behindertenrechtskonvention (UN-BRK) sowie § 1901 Abs. 2, 3 BGB fordern, dass stellvertretende Entscheidungen nur in Ausnahmefällen stattfinden und eine Unterstützte Entscheidungsfindung des Klienten/der Klientin vorrangig ist. Betreuer/innen sollen Klient/innen »nicht alles abnehmen«, sondern nach Möglichkeit dazu beitragen, dass diese ihre Angelegenheiten wieder selbst wahrnehmen können. Wichtige Angelegenheiten müssen mit den Klient/innen besprochen werden. Diese Vorgaben werden in der Praxis alleine aus Gründen des Zeitmangels nicht konsequent umgesetzt. Um dies zu gewährleisten, wäre eine weitere Erhöhung der zu bezahlenden Stunden erforderlich.

Auf Grundlage der Daten aus dem zweiten Zwischenbericht des ISG, der bereits erhebliche Lücken in der Finanzierung der Betreuungsarbeit aufgezeigt hatte, stellte die Bundespolitik zunächst eine Erhöhung der Stundensätze für die Vergütung von beruflich tätigen Vormündern und Betreuer/innen in Aussicht – weitere Änderungen in Bezug auf die Vergütung und die Anforderungen an beruflich tätige Betreuer/innen sollten dann nach Fertigstellung der Studie erfolgen.

Gleichzeitig gab es vonseiten der Bundesländer allerdings – unter anderem sicherlich auch, um Einsparungen im Bereich der Betreuung zu erzielen – einen Vorstoß hin zu einem gesetzlichen Vertretungsrecht von Ehegatten im Bereich der Gesundheitssorge.

Der Bundestag beschloss daraufhin einen Kompromissvorschlag – einerseits die Erhöhung der Stundensätze, andererseits aber auch eine (im Vergleich zu den Vorstellungen der Länder etwas reduzierte) gesetzliche Vertretung durch Ehegatten und eingetragene Lebenspartner im Bereich der Gesundheitssorge.[2] Die wesentlichsten Regelungen lauteten:

Änderung des VBVG:

> § 3 Absatz 1 wird wie folgt geändert:
> a) In Satz 1 wird die Angabe »19,50« durch die Angabe »22,50« ersetzt.
> b) Satz 2 wird wie folgt geändert:
> aa) In Nummer 1 wird die Angabe »25« durch die Angabe »29« ersetzt.
> bb) In Nummer 2 wird die Angabe »33,50« durch die Angabe »38,50« ersetzt.
> § 4 Absatz 1 wird wie folgt geändert:
> a) In Satz 1 wird die Angabe »27« durch die Angabe »31« ersetzt.
> b) Satz 2 wird wie folgt geändert:
> aa) In Nummer 1 wird die Angabe »33,50« durch die Angabe »38,50« ersetzt.
> bb) In Nummer 2 wird die Angabe »44« durch die Angabe »50,50« ersetzt.

sowie

---

2 Hiergegen wurden von etlichen Verbänden erhebliche Bedenken geäußert, u. a. wegen einer befürchteten Missbrauchsgefahr und diverser sich aus der vorgeschlagenen Regelung ergebenden Unklarheiten. Ein Positionspapier des BdB kann von der Internetseite https://bdb-ev.de/69_Konzepte_und_Positionen.php?site_suche=1 heruntergeladen werden (Stand: 21.12.2017).

> § 1358 BGB
> Beistand unter Ehegatten in Angelegenheiten der Gesundheitssorge
> (1) Jeder Ehegatte ist berechtigt, für den anderen Ehegatten gemäß
> § 630d Absatz 1 Satz 2 in Untersuchungen des Gesundheitszustandes,
> in Heilbehandlungen oder ärztliche Eingriffe einzuwilligen oder die
> Einwilligung zu versagen sowie ärztliche Aufklärungen nach § 630e
> Absatz 4 entgegenzunehmen, wenn der andere Ehegatte auf Grund einer
> psychischen Krankheit oder einer körperlichen, geistigen oder seelischen
> Behinderung diese Angelegenheiten nicht besorgen kann. Der Ehegatte
> ist dazu nicht berechtigt, wenn
> 1. die Ehegatten getrennt leben,
> 2. der andere Ehegatte einen entgegenstehenden Willen geäußert hat,
> 3. der andere Ehegatte eine andere Person zur Wahrnehmung dieser
> Angelegenheiten bevollmächtigt hat oder
> 4. für den anderen Ehegatten ein Betreuer bestellt ist.
> (2) Unter den Voraussetzungen des Absatzes 1 Satz 1 und zur Wahrnehmung der dort genannten Angelegenheiten
> 1. sind behandelnde Ärzte gegenüber dem Ehegatten von ihrer Schweigepflicht entbunden und
> 2. kann der Ehegatte Krankenunterlagen einsehen.

Die Änderungen in beiden Bereichen waren in einem einzigen Änderungsgesetz enthalten. Bemerkenswert ist, dass bei der Einzelabstimmung über die einzelnen Artikel im Bundestag dem die Erhöhung der Vergütung betreffenden Artikel alle dort vertretenen Parteien zugestimmt haben.
Da auch Länderinteressen berührt worden wären (die Länder hätten die Erhöhung der Vergütung aus ihren Justizhaushalten finanzieren müssen), hätte allerdings auch der Bundesrat der Gesetzesänderung zustimmen müssen. Wegen der Zusammenfassung von Vergütungserhöhung und Angehörigenvertretung in einem einzigen Gesetz hätte der Bundesrat allerdings nur noch über das »Gesamtpaket« abstimmen können. Es wäre also keine Ehegattenvertretung ohne die Erhöhung der Vergütung und ebenso keine Erhöhung der Vergütung ohne eine Einführung der Ehegattenvertretung möglich gewesen. Zu einer solchen Abstimmung ist es aber nicht mehr gekommen. Nach einer beispiellosen Kampagne einzelner Bundesländer, in deren Rahmen massiv und mit zum Teil nicht haltbaren Argumenten gegen die Erhöhung der Vergütung argumentiert

wurde (die Betreuervergütung sei in den vergangenen Jahren ohnehin bereits um 50 Prozent angehoben worden u.Ä.), wurde die ursprünglich für den 7. Juli geplante Abstimmung im Bundesrat von der Tagesordnung genommen. Auch in späteren Sitzungen erfolgte weder eine Abstimmung noch zumindest eine Diskussion über dieses vom Bundestag beschlossene Gesetz.

Gesetzesinitiative für ein Ende des Wahlrechtsausschlusses

Das oben beschriebene Vorgehen des Bundesrats bzgl. der Vergütungserhöhung ist – vor allem bei Berufsbetreuer/innen – verbreitet mit Befremden zur Kenntnis genommen worden. Intuitiv erwartet der Bürger/die Bürgerin, dass über förmlich korrekt eingebrachte Gesetzesänderungen auch abgestimmt wird und nicht unauffällig eine Ablehnung durch Nichtentscheidung erfolgt. Schließlich will er/sie wissen, wer für und wer gegen bestimmte Gesetzesänderungen gestimmt hat, um dies evtl. auch bei Wahlentscheidungen berücksichtigen zu können. Im parlamentarischen Betrieb kommt es aber häufiger vor, dass über unliebsame Anträge einfach nicht entschieden wird. Der Bundestag hat die Beratung über einen Antrag der Fraktionen der Grünen und der Linken auf Aufhebung des Ausschlusses vom Wahlrecht für Menschen, für die eine Betreuung für alle Angelegenheiten eingerichtet wurde (§ 13 Nr. 2 Bundeswahlgesetz – BWahlG), einfach von der Tagesordnung genommen.

In Deutschland verliert ein Mensch das aktive und das passive Wahlrecht nach § 13 Nr. 2 Bundeswahlgesetz (BWahlG), wenn für ihn ein/e Betreuer/in zur Besorgung aller seiner Angelegenheiten bestellt ist.

Der BdB sowie der Betreuungsgerichtstag (BGT) haben sich schon vor längerer Zeit für eine entsprechende Gesetzesänderung ausgesprochen.[3]

Nach Ansicht der Kritiker/innen ist die Einrichtung einer Betreuung für alle Angelegenheiten kein geeignetes Kriterium. Sie treffe keine Aussage zur konkreten Intensität des Unterstützungsbedarfs und den vorhandenen Ressourcen des Menschen mit Behinderung und sage deshalb nichts über die Fähigkeit zur Ausübung des Wahlrechts aus. Auch werde durch die

---

3 Stellungnahme des BdB: https://bdb-ev.de/68_Stellungnahmen.php?site_suche=1
Stellungnahme des BGT: http://www.bgt-ev.de/fileadmin/Mediendatenbank/Stellungnahmen/2015-2017/Wahlrechtsausschluss_150421.pdf (Stand: 21.12.2017)

gerichtliche Bestellung eines Betreuers/einer Betreuerin in allen Angelegenheiten keine Entscheidung über die rechtliche Handlungsfähigkeit von Klient/innen getroffen. Da die Bestellung eines Betreuers/einer Betreuerin die rechtliche Handlungsfähigkeit von Menschen unberührt lässt, begründe sie alleine daher auch keinesfalls die Annahme, dieser Mensch sei ganz oder in Teilbereichen rechtlich handlungsunfähig.

Und schließlich führt die Regelung zu einer gravierenden Ungleichbehandlung: Hat jemand eine alle Angelegenheiten umfassende Vorsorgevollmacht erteilt, hat es keine Auswirkungen auf das Wahlrecht, wenn er/sie später einmal geschäftsunfähig wird und in allen Lebensbereichen durch den/die Bevollmächtigte/n vertreten werden muss. Warum soll es dann zu einem Verlust des Wahlrechts führen, wenn ein Mensch in einer gleichen gesundheitlichen Situation durch eine/n Betreuer/in vertreten werden muss, z. B. weil er niemanden kannte, dem er ausreichendes Vertrauen entgegengebracht hat, um ihm/ihr eine Generalvollmacht zu erteilen?

Im Frühjahr hatten nun die Fraktionen von Bündnis 90/Die Grünen und Die Linke einen Antrag auf eine solche Änderung in den Bundestag eingebracht.[4] Wie schon gesagt, hat der Bundestag die Abstimmung darüber aber einfach von der Tagesordnung gestrichen. Da im Bundestag alle bei Ende der Legislaturperiode noch nicht endgültig beschlossenen Gesetzesänderungen gegenstandslos werden (sogenannte Diskontinuität), ist der Antrag inzwischen auch ohne Abstimmung im Bundestag gescheitert.

Stattgefundene Gesetzesänderungen

Erhöhung des sogenannten Schonvermögens

Seit dem 1.4.2017 gelten aufgrund einer Änderung der Durchführungsverordnung (DVO) zu § 90 Abs. 2 Nr. 9 SGB XII neue Grenzen für das sogenannte Schonvermögen. In der genannten DVO heißt es jetzt:

> § 1
> Kleinere Barbeträge oder sonstige Geldwerte im Sinne des § 90 Absatz 2 Nummer 9 des Zwölften Buches Sozialgesetzbuch sind:

---

4 Bundestagsdrucksache 18/12547, http://dip21.bundestag.de/dip21/btd/18/125/1812547.pdf (Stand: 21.12.2017)

1. für jede in § 19 Absatz 3, § 27 Absatz 1 und 2, § 41 und § 43 Absatz 1 Satz 2 des Zwölften Buches Sozialgesetzbuch genannte volljährige Person sowie für jede alleinstehende minderjährige Person, 5 000 Euro,
2. für jede Person, die von einer Person nach Nummer 1 überwiegend unterhalten wird, 500 Euro.
Eine minderjährige Person ist alleinstehend im Sinne des Satzes 1 Nummer 1, wenn sie unverheiratet und ihr Anspruch auf Leistungen nach dem Zwölften Buch Sozialgesetzbuch nicht vom Vermögen ihrer Eltern oder eines Elternteils abhängig ist.
§ 2
(1) Der nach § 1 maßgebende Betrag ist angemessen zu erhöhen, wenn im Einzelfall eine besondere Notlage der nachfragenden Person besteht. Bei der Prüfung, ob eine besondere Notlage besteht, sowie bei der Entscheidung über den Umfang der Erhöhung sind vor allem Art und Dauer des Bedarfs sowie besondere Belastungen zu berücksichtigen.
(2) Der nach § 1 maßgebende Betrag kann angemessen herabgesetzt werden, wenn die Voraussetzungen der §§ 103 oder 94 des Gesetzes vorliegen. «

Wegen des Verweises in den §§ 1836c Nr. 2, 1908i Abs. 1 BGB gilt dies auch für die Bestimmung der Mittellosigkeit i. S. d. § 5 Abs. 1, 2 VBVG. Leider gibt es keine Übergangsregelung für Vergütungszeiträume, die vor dem Inkrafttreten beginnen und erst danach enden, ebenso fehlt eine Regelung für Vergütungszeiträume, die vollständig vor dem Inkrafttreten lagen, die aber erst nach dem Inkrafttreten abgerechnet werden bzw. über die erst nach dem Inkrafttreten entschieden wird.

Wie sicherlich inzwischen allgemein bekannt ist, wird über die Frage der Mittellosigkeit in zwei Schritten entschieden (siehe dazu z. B. BGH XII ZB 170/08, Beschl. v. 15.10.2010):

Zunächst wird anhand der finanziellen Verhältnisse der Klient/innen zum Zeitpunkt der Ausführung der abgerechneten Tätigkeit über die Stundenzahl entschieden. Dabei ist auf eine monatliche Betrachtung abzustellen – immer wenn am Ende eines Betreuungsmonats einzusetzendes Einkommen und Vermögen ausreichen, um die bis dahin aufgelaufenen Vergütungsansprüche vollständig zu bezahlen, ist die höhere Stundenzahl anzusetzen.

In einem zweiten Schritt ist dann anhand der finanziellen Verhältnisse der Klient/innen am Tag der gerichtlichen Entscheidung (im Fall eines

Beschwerdeverfahrens sogar erst am Tag der Entscheidung des Landgerichts) darüber zu entscheiden, wer zahlt (Justizkasse oder der Klient/die Klientin selbst).

Folgerichtig dürfte es sein, wie folgt zu verfahren:

Für den Stundenansatz nach § 5 Abs. 1, 2 VBVG gilt der Schonbetrag jeweils monatsweise an dem Tag, an dem sich die Wirksamkeit der Betreuerbestellung wiederholt, der neue (höhere) Schonbetrag betrifft also die Vergütung für jeden Betreuungsmonat, dessen Ende ab dem 1.4.2017 eingetreten ist.

In Bezug auf die Zahlungspflicht (§§ 1836d, 1908i Abs. 1 BGB) gilt der neue Schonbetrag für alle Zahlungen, über die ab dem 1.4.2017 entschieden wird.

So hat inzwischen auch das LG Oldenburg entschieden.[5] Es sind allerdings auch andere Handhabungen denkbar, z.B. dass die Zahlungspflicht anhand der Rechtslage am Ende des Abrechnungsquartals entschieden wird. Man kann nur hoffen, dass sich eine einheitliche Handhabung durchsetzen wird und nicht bis zu einer Entscheidung des BGH (die sicherlich nicht zeitnah ergehen würde) abgewartet werden muss.

In diesem Zusammenhang gibt es auch noch weitere Neuregelungen im SGB XII:

» § 60a SGB XII Sonderregelungen zum Einsatz von Vermögen
(Sechstes Kapitel – Eingliederungshilfe für behinderte Menschen)
Bis zum 31. Dezember 2019 gilt für Personen, die Leistungen nach diesem Kapitel erhalten, ein zusätzlicher Betrag von bis zu 25000 Euro für die Lebensführung und die Alterssicherung im Sinne von § 90 Absatz 3 Satz 2 als angemessen; § 90 Absatz 3 Satz 1 bleibt unberührt. «

und

» § 66a SGB XII Sonderregelungen zum Einsatz von Vermögen
(Siebtes Kapitel – Hilfe zur Pflege)
Für Personen, die Leistungen nach diesem Kapitel erhalten, gilt ein zusätzlicher Betrag von bis zu 25000 Euro für die Lebensführung und die Alterssicherung im Sinne von § 90 Absatz 3 Satz 2 als angemessen, sofern dieser Betrag ganz oder überwiegend als Einkommen aus selbständiger und nichtselbständiger Tätigkeit der Leistungsberechtigten während des Leistungsbezugs erworben wird; § 90 Absatz 3 Satz 1 bleibt unberührt. «

---

5 LG Oldenburg, Beschl. vom 24.10.2017, Az. 8 T 570/17.

Ob diese Sonderregelungen auch für die Bestimmung der Mittellosigkeit in Bezug auf die Betreuervergütung gelten, ist noch nicht geklärt – vermutlich wird diese Frage demnächst die Gerichte beschäftigen.

Neue Regelung zur Anrechnung von Auszahlungen aus einem Vertrag über eine sogenannte Riesterrente und von Betriebsrenten

Bereits im Sommer wurde vom Bundestag eine neue Regelung zur Anrechnung von Einkommen in § 82 SGB XII getroffen, die allerdings erst am 1.1.2018 in Kraft treten wird.

Es ist bekannt – Auszahlungen einer staatlich geförderten Zusatzrente (sogenannte Riesterrente) werden beim Bezug von Sozialhilfe als Einkommen angerechnet. Das ist häufig kritisiert worden und bietet nicht gerade einen Anreiz für den Aufbau einer zusätzlichen Absicherung für das Alter. Diese lohnt sich eigentlich nur für Menschen, die absehen können, dass sie später einmal eine so hohe Rente erhalten werden, dass sie ihren Lebensunterhalt ohne ergänzende Leistungen der Sozialhilfe finanzieren können – nur dann kann man davon ausgehen, dass das angesparte Geld auch tatsächlich für die Finanzierung eines höheren Lebensstandards zur Verfügung stehen wird.

Wer aber im Alter ergänzende Leistungen der Sozialhilfe benötigt, hat – außer vielleicht dem guten Gefühl, mehr zum eigenen Lebensunterhalt beitragen zu können – rein wirtschaftlich betrachtet nichts davon, dass er dieses Geld gespart und eben nicht in jungen Jahren für schöne Dinge oder einen Extra-Urlaub ausgegeben hat.

Das wird sich nun zum Jahreswechsel 2017/2018 ändern – ab dann sind gemäß der Neufassung des § 82 Abs. 4 SGB XII bei monatlicher Auszahlung der Zusatzrente grundsätzlich 100 Euro anrechnungsfrei, von dem darüber liegenden Betrag immerhin noch 30 Prozent. Wer z. B. aus einem Riestervertrag monatlich 110 Euro erhält, kann davon 103 Euro ohne Anrechnung auf die Sozialhilfe behalten.[6]

In dem neuen Absatz 5 der Vorschrift wird zudem klargestellt, dass dies auch für Bezüge aus einer betrieblichen Altersversorgung gelten wird.

---

6 Hintergrundmaterialien: https://www.bundestag.de/dokumente/textarchiv/2017/kw22-de-betriebsrentenstaerkungsgesetz/507502; http://dip21.bundestag.de/dip21/btd/18/112/1811286.pdf (Stand: 22.12.2017)

Neuregelung der Voraussetzungen für eine Behandlung gegen den natürlichen Willen eines Patienten – sogenannte Zwangsbehandlung[7]

Wohl die spektakulärste Änderung war die Ende Juli 2017 in Kraft getretene Neuregelung der Behandlung gegen den natürlichen Willen eines Betreuten (sogenannte Zwangsbehandlung) in einem § 1906a BGB und damit verbundene Änderungen der §§ 1906, 1901a Abs. 4 BGB.
Diese Gesetzesänderung war aufgrund einer Entscheidung des Bundesverfassungsgerichts[8] notwendig geworden.
Diesem Beschluss lag die folgende Fallkonstellation zugrunde: Eine nicht mehr einwilligungsfähige Frau litt an einer Krebserkrankung. Es war absehbar, dass diese Erkrankung ohne Operation bald sehr schmerzhaft und schließlich tödlich verlaufen würde.
Die Frau konnte die Notwendigkeit einer Operation krankheitsbedingt nicht einsehen. Sie war durch ihre Erkrankungen bereits so geschwächt, dass sie sich nicht mehr alleine räumlich aus der Klinik entfernen konnte.
Die Betreuerin beantragte deshalb die gerichtliche Genehmigung einer Behandlung gegen den natürlichen Willen ihrer Klientin. Das Betreuungsgericht und im Beschwerdeverfahren auch das Landgericht lehnten eine Genehmigung ab. § 1906 BGB würde vorschreiben, dass eine sogenannte Zwangsbehandlung ausschließlich im Rahmen einer geschlossenen Unterbringung erfolgen dürfe – eine solche geschlossene Unterbringung könne aber nicht genehmigt werden, weil sie nicht notwendig sei, da sich die Patientin der Behandlung aufgrund ihrer schlechten körperlichen Verfassung nicht entziehen könne. Es würde insofern eine Lücke in der gesetzlichen Regelung bestehen, die nicht einfach durch ein Gericht geschlossen werden könne.
Im Verfahren der Rechtsbeschwerde beurteilte der BGH die Rechtslage ebenso. Er sah es aber als verfassungswidrig an, dass die gesetzliche Regelung dazu führen würde, dass lediglich solchen Menschen geholfen werden könne, die zwar die Notwendigkeit einer medizinischen Behandlung nicht mehr einsehen können, aber körperlich noch in der Lage sind, sich einer Behandlung zu entziehen, während man denjenigen Kranken, die dafür bereits zu schwach sind, ihrem Schicksal überlassen

---

[7] Siehe zur Zwangsbehandlung auch den Beitrag von ENGELFRIED in diesem Jahrbuch: Von »besonderen Gewaltverhältnissen« zur unterstützten Entscheidungsfindung – unter besonderer Berücksichtigung der Zwangsbehandlung, S. 31–45.
[8] BVerfG, Beschluss v. 26. Juli 2016, Az. 1 BvL 8/15, BtPrax 2016, 182 m. Anm. LOER/BROSEY = FamRZ 2016, 1738.

(und damit häufig auch sterben lassen) müsse. Der BGH legte die Sache deshalb dem BVerfG zur Klärung vor.[9]

Das BVerfG hat die Fragestellung sehr ernst genommen. Die Patientin war leider vor Abschluss des Verfahrens verstorben, und normalerweise endet ein solches Verfahren, wenn sich der konkrete Verfahrensgegenstand durch irgendein Ereignis – wie hier durch den Tod der betroffenen Frau – erledigt hat. Das BVerfG hat allerdings ein »gewichtiges objektives Bedürfnis an der Klärung der vom Bundesgerichtshof vorgelegten Verfassungsrechtsfrage« angenommen und das Verfahren deshalb trotzdem fortgeführt.

Zunächst wurden diverse Verbände – darunter auch der BdB – angehört. Dieser hat in seiner Stellungnahme deutlich gemacht, dass er die vom BGH geäußerten Bedenken grundsätzlich teilt, dass im Übrigen aber grundsätzlich auch Mechanismen geschaffen werden sollten, die eine Zwangsbehandlung möglichst bereits im Vorfeld vermeiden können – z. B. durch Überzeugungsarbeit fachlich versierter und im Umgang mit psychisch Kranken geschulter Berufsbetreuer/innen.[10]

In seiner Entscheidung hat das BVerfG schließlich die damalige (erst im Jahr 2013 in Kraft getretene) Regelung für verfassungswidrig erklärt. Es sei mit der aus Artikel 2 Absatz 2 Satz 1 des Grundgesetzes folgenden Schutzpflicht des Staates unvereinbar, dass für Betreute, denen schwerwiegende gesundheitliche Beeinträchtigungen drohen und die die Notwendigkeit der erforderlichen ärztlichen Maßnahme nicht erkennen oder nicht nach dieser Einsicht handeln können, eine ärztliche Behandlung gegen ihren natürlichen Willen unter keinen Umständen möglich ist, sofern sie zwar stationär behandelt werden, aber nicht geschlossen untergebracht werden können, weil sie sich der Behandlung räumlich nicht entziehen wollen oder hierzu körperlich nicht in der Lage sind. Dem Gesetzgeber wurde aufgegeben, unverzüglich eine Neuregelung zu schaffen.

Kern der Neuregelung ist es, dass eine ärztliche Zwangsmaßnahme – im Wesentlichen unter Beibehaltung der schon zuvor in § 1906 Abs. 3, 3 a BGB enthaltenen Vorgaben – nun gemäß § 1906 a Abs. 1 Ziff. 7 BGB auch im Rahmen eines stationären Aufenthalts in einem Krankenhaus, in dem die gebotene medizinische Versorgung des Betreuten einschließlich

---
9 BGH FamRZ 2015, 1484.
10 Die Stellungnahme kann von der Internetseite https://bdb-ev.de/68_Stellungnahmen.php heruntergeladen werden (Stand: 18.12.2017).

einer erforderlichen Nachbehandlung sichergestellt ist, durchgeführt werden kann.

Eine sogenannte ambulante Zwangsbehandlung – dazu gehört auch die verdeckte Abgabe von Medikamenten in einer Pflegeeinrichtung – bleibt aber nach wie vor unzulässig.

Weiterhin ist in einem neu gefassten Abs. 4 des § 1901a BGB jetzt vorgegeben, dass ein/e Betreuer/in die Klient/innen in geeigneten Fällen auf die Möglichkeit einer Patientenverfügung hinweisen und sie auf Wunsch bei der Errichtung einer Patientenverfügung unterstützen soll.

Es ist an sich positiv zu bewerten, wenn durch die Errichtung einer Patientenverfügung für alle Beteiligten mehr Sicherheit geschaffen wird, wenn Klient/innen gerade auch in Bezug auf absehbar notwendig werdende medizinische Behandlungen in Zeiten, in denen sie noch einwilligungsfähig sind, konkrete Vorgaben formulieren. Andererseits handelt es sich im Regelfall um Menschen, die mehr oder weniger bewusst über Jahre hinweg keine Patientenverfügung erstellt haben – entweder, weil ihnen die Möglichkeit nicht bekannt war (was in Anbetracht der in der Öffentlichkeit geführten Diskussion über dieses Thema wenig wahrscheinlich ist), oder weil sie das nicht für wichtig empfunden haben, oder weil sie dies ganz bewusst nicht wollten. Die Einrichtung einer Betreuung lässt darauf schließen, dass – auch, wenn Geschäftsfähigkeit und Einwilligungsfähigkeit noch vorliegen – bereits erhebliche Defizite bestehen und der/die Klient/in möglicherweise leicht beeinflusst werden kann. Betreuer/innen sollten sich dessen bewusst sein und darauf achten, Klient/innen nicht zu einer Patientenverfügung oder zu bestimmten Inhalten einer solchen Verfügung zu »überreden«.

In diesem Zusammenhang gab es auch noch eine Änderung des § 1906 Abs. 4 BGB. Dort wird nun eindeutig klargestellt, dass eine freiheitsentziehende Maßnahme auch dann genehmigungspflichtig ist, wenn eine Person sich bereits in einer (schon gerichtlich genehmigten) geschlossenen Unterbringung befindet. Freiheitsentziehende Maßnahmen wie z. B. eine Fixierung stellen schließlich für diesen Menschen einen weit über die reine geschlossene Unterbringung hinausgehenden erheblichen Eingriff in seine Grundrechte und seine Lebenssituation dar. Das wurde zwar auch bisher schon von der Rechtsprechung so gesehen,[11] es ist aber erfreulich, dass sich das jetzt schon direkt aus dem

---

11 So z. B. BGH BtPrax 2015, 200 = FamRZ 2015, 1707.

Gesetzestext ergibt. Gerade auch von ehrenamtlichen Betreuer/innen und den Klient/innen selbst kann man nicht unbedingt erwarten, dass sie den Wortlaut einer gesetzlichen Norm hinterfragen. In Anbetracht der Normadressaten wäre ein eindeutig formuliertes Betreuungsrecht ganz allgemein wünschenswert.

Ergänzungen des § 1903 BGB

Weitgehend unbemerkt und gut versteckt im »Gesetz zur Bekämpfung von Kinderehen(KEheBekG)« untergebracht, gab es schließlich noch eine Ergänzung des § 1903 BGB – dort ist der zweite Absatz neu gefasst worden, in die Aufzählung derjenigen Willenserklärungen, die nicht Gegenstand eines Einwilligungsvorbehalts sein können, wurden jetzt auch die Anfechtung sowie die Aufhebung eines Erbvertrags durch Vertrag aufgenommen. Abs. 2 lautet jetzt:

» (2) Ein Einwilligungsvorbehalt kann sich nicht erstrecken
1. auf Willenserklärungen, die auf Eingehung einer Ehe oder Begründung einer Lebenspartnerschaft gerichtet sind,
2. auf Verfügungen von Todes wegen,
3. auf die Anfechtung eines Erbvertrags,
4. auf die Aufhebung eines Erbvertrags durch Vertrag und
5. auf Willenserklärungen, zu denen ein beschränkt Geschäftsfähiger nach den Vorschriften der Bücher 4 und 5 nicht der Zustimmung seines gesetzlichen Vertreters bedarf. «

Ausblick

Die Politik hat jedenfalls angekündigt, sich nach Auswertung des zweiten Teils der vom BMJV in Auftrag gegebenen Studie des ISG erneut mit den Themen Qualität in der Betreuungsarbeit und Vergütung zu befassen. Es kann also sein, dass in Zukunft mehr bzw. genauere Anforderungen an beruflich tätige Betreuer/innen in das Gesetz aufgenommen werden. Außerdem ist es möglich, dass in diesem Zusammenhang auch ein neues Vergütungssystem geschaffen wird. In diesem Zusammenhang werden zurzeit mehrere Varianten diskutiert. Infrage kommt u. a. eine Kombination aus einer Grundvergütung und Zuschlägen, die sich nach dem im Einzelfall gegebenen Unterstützungsbedarf, den übertragenen Aufgabenkreisen oder dem der Einrichtung der Betreuung zugrunde liegenden Krankheitsbild richten könnten.

Ob es daneben einen neuen Vorstoß der Bundesländer für die Einführung einer Ehegattenvertretung im Bereich der Gesundheitssorge, und ob es erneut eine Initiative für die Abschaffung des Ausschlusses vom Wahlrecht von Menschen, für die eine Betreuung mit dem Aufgabenkreis »alle Angelegenheiten« eingerichtet wurde, geben wird, lässt sich nicht sicher vorhersehen.

Mehr lässt sich dazu zurzeit nicht sagen, u.a., weil noch unbekannt ist, welche Parteien in Zukunft die Regierung bilden werden und sich auch nicht sicher beurteilen lässt, welchen Stellenwert die dann an einer Regierungskoalition beteiligten Parteien dem Betreuungsrecht einräumen.

Daneben arbeitet das BMJV schon seit längerer Zeit an einem Vorschlag für eine Novellierung des Vormundschaftsrechts. Kern soll es sein, dass die bisherige Fokussierung auf die Vermögenssorge aufgegeben wird. Stattdessen soll es ein Schwerpunkt der Aufgaben von Vormündern werden, das Recht der Mündel auf eine gewaltfreie Erziehung zu garantieren. Außerdem sollen Vormundschafts- und Betreuungsrecht entflechtet werden. Das Betreuungsrecht wäre dann übersichtlicher, da nicht mehr in weiten Teilen auf das Vormundschaftsrecht verwiesen werden würde (siehe den nicht gerade übersichtlichen § 1908i BGB und die sich daraus ergebenden Kettenverweisungen – z.B. §§ 1908i Abs. 2, 1857a, 1852 Abs. 2, 1853, 1854 BGB sowie §§ 1908i Abs. 1, 1893 Abs. 1, 1698a und b BGB).

Es ist also durchaus möglich, dass in den nächsten Jahren grundsätzliche neue gesetzliche Regelungen für die Betreuungsarbeit geschaffen werden.

Kay Lütgens
Korrespondenzadresse: kay.luetgens@bdb-ev.de

BETREUUNGSPRAXIS

Nicht alles schlucken: Krisen und Psychopharmaka

Iris Peymann (fachliche Begleitung: Dr. Volkmar Aderhold)

Die Arbeitsgruppe »Nicht alles schlucken: Krisen und Psychopharmaka« bei der BdB-Jahrestagung 2017 in Radebeul hat den Umgang mit Psychopharmaka zum Thema gemacht und in diesem Rahmen auch Alternativen in der Gesundheitssorge betrachtet. Referenten waren Dr. Volkmar Aderhold (Arzt für Psychiatrie, Psychotherapie und Psychotherapeutische Medizin) und York Bieger vom Psychiatrie Verlag, der Auszüge aus dem Dokumentarfilm »Leben mit Psychopharmaka«[1] vorführte.

Aderhold beschäftigt sich mit den Folgen von Psychopharmaka und ist an der Überarbeitung der S3-Leitlinie »Psychosoziale Therapien bei schweren psychischen Erkrankungen« beteiligt, die im Herbst 2017 in die Konsentierungsphase gegangen ist. Hieran nimmt neben anderen, nicht medizinischen Verbänden, wie z. B. dem Verband Psychiatrie-Erfahrener, auch der BdB, vertreten durch Iris Peymann, teil.

Ziel der Arbeitsgruppe war, einen Einblick in den neuen Stand der Forschung über die Anwendbarkeit, den Nutzen und den Schaden von Psychopharmaka zu erhalten und mit einem kritischen Blick über die (Mit-)Verantwortung der rechtlichen Betreuer/innen bei der Beratung und Unterstützung unserer Klient/innen in der Frage der Behandlung mit Psychopharmaka zu reflektieren.

Der Forschungsstand

Psychopharmaka galten lange Zeit als Hoffnungsträger in der Behandlung von psychischen Störungen, von Depressionen, affektiven psychischen Störungen und Schizophrenie. Sie finden ebenso Verwendung bei hirnorganischen Störungsbildern, auch bei Demenzen, Folgen eines

---

[1] »Leben mit Psychopharmaka« – Ein Dokumentarfilm von Jana Kalms, Piet Stolz und Sebastian Winkels, Psychiatrie Verlag 2015, (Kurzfassung auf YouTube 08.03.2016).

Schädel-Hirn-Traumas oder eines Tumors, bei Persönlichkeitsstörungen und Traumafolgen (PTBS). Also eigentlich immer, wenn die Seele aus dem Takt gerät.

Im Vergleich mit allen anderen Medikamenten waren die Medikamente mit der Bezeichnung Neuroleptika[2] bzw. Antipsychotika über mehrere Jahre die Substanzgruppe mit den höchsten Umsätzen. Ein Erfolg des Marketings. Denn Antipsychotika wirken wie andere Psychopharmaka symptomatisch, ursächlich heilen können sie nicht. Dennoch sind die Erwartungen seitens der Behandler/innen, aber auch vieler Patient/innen und Angehörigen hoch. Motive, die mit einer Medikamentengabe verbunden sind, sind vielfältig: Der Wunsch nach Linderung der Symptome und nach Heilung; die Sehnsucht, wieder der oder die zu werden, den die Familie kannte; der Wunsch, dass die Anpassung an das gesellschaftliche Leben gelingt, aber auch nach Ruhe und Frieden auf der psychiatrischen Station.

Wie entstehen Psychosen und Schizophrenie, und wie wirken Antipsychotika?

Seit Jahrzehnten besteht in der medizinischen Fachwelt die Hypothese, dass akute Psychosen bei Schizophrenien und anderen Störungen mit einer erhöhten Dopaminausschüttung in einer bestimmten Hirnregion (Streifenkern) einhergehen, und dies nur so lange, wie Symptome bestehen.

Die Wirkung der Antipsychotika (AP) besteht aus der Blockade der (postsynaptischen) Rezeptoren (aber auch andere und in anderen Regionen), die durch diese erhöhte Ausschüttung von Dopamin stärker erregt werden. Dabei wirken sie nicht gezielt antipsychotisch: »Neuroleptika wirken nicht ursächlich auf Wahn und Halluzinationen, sondern symptomatisch wie die Lautstärkeregelung eines defekten Radios mit Hintergrundrauschen, bei dem durch Leiserstellen zwar das lästige

---

2 Neuroleptika (von griechisch neuron = Nerv, lepsis = ergreifen), in neuerer Zeit auch als Antipsychotika bezeichnet, sind Arzneistoffe aus der Gruppe der Psychopharmaka, die eine sedierende und antipsychotische – den Realitätsverlust bekämpfende – Wirkung besitzen. Sie werden hauptsächlich zur Behandlung von Wahnvorstellungen und Halluzinationen eingesetzt, die bei psychischen Störungen wie etwa der Schizophrenie oder Manie auftreten können (Wikipedia). Im Folgenden werde ich den Begriff Antipsychotika nutzen, da er begrifflich eindeutig ist. Nur bei Zitaten wird auch die herkömmliche Bezeichnung Neuroleptika beibehalten. (Stand: 12.11.2017)

Rauschen unterdrückt wird, ohne jedoch das zugrundeliegende Problem der Fehlfunktion zu beheben.«[3]

Dopamin regelt Gefühle wie Lust, Neugier, Freude, Energie. Eine dauerhafte Reduzierung der Dopaminausschüttung durch Psychopharmaka kann auch dauerhaft zur Reduzierung dieser Gefühle führen – also zu einer Verflachung der Gefühlswelt.

Nach einer Remission der Psychose bei einem episodischen Verlauf ist die Dopaminausschüttung jedoch wieder normalisiert. Die Blockade der Dopaminrezeptoren durch AP führt bereits nach Monaten, und dann meist fortschreitend, zu ungünstigen Veränderungen dieser Rezeptoren, indem sie sich meist auf das Doppelte vermehren und ca. um das Dreifache sensibler werden (Supersensivität).

Die klinischen Folgen dieser Supersensivität sind oft ein Anstieg der erforderlichen Dosis, Abnahme der Wirksamkeit von Neuroleptika im Verlauf, Verkürzung des Intervalls zwischen psychotischen Episoden im längeren Verlauf sowie vermehrte Positivsymptomatik bei Rückfällen. Behandlungsresistenz im Verlauf ist bei der Hälfte der Patient/innen vermutlich eine Folge dieser Supersensivität. Bei einer Reduktion der Dosis, aber auch unter gleichbleibender Dosis, können sogenannte »Durchbruchpsychosen« (Super-Sensitivitätspsychosen) auftreten. Die Supersensivität erschwert auch eine Dosisreduzierung oder das Absetzen, da auch hierbei wieder psychotische Symptome, Supersensivitätspsychosen, auftreten können. Insgesamt ist dadurch das Rückfallrisiko bei abruptem Absetzen um das bis zu Dreifache erhöht.

» Üblicherweise wird im psychiatrischen Alltag auf die abnehmende Wirksamkeit der Neuroleptika mit einer übermäßigen Höherdosierung («overshooting») und der Gabe von mehreren Neuroleptika (Polypharmazie) reagiert. Das ist falsch, denn es verstärkt die Problematik und führt zu mehr Nebenwirkungen. «[4]

Eine hochdosierte Erstbehandlung führt in der Regel zu einer starken dysphorischen, also bedrückten, missmutigen Reaktion mit dem erhöhten Risiko eines Abbruchs und einer nachfolgenden Ablehnung der gesamten Behandlung bzw. einer sogenannten Non-Compliance. Ein Thema, auf das ich noch zurückkommen werde.

---

3 »What causes aberrant salience in schizophrenia? A role for impaired short-term habituation and the GRIA1 (GluA1) AMPA receptor subunit« von C. BARKUS, D.J. SANDERSON, J.N.P. RAWLINS, M.E. WALTON, P.J. HARRISON, D.M. BANNERMAN in Molecular Psychiatry (2014) 19, 1060–1070 (2014).

4 »Neuroleptika minimal – Handout« von Volkmar ADERHOLD für die AG »Nicht alles schlucken«.

Auch andere Nebenwirkungen treten bei höheren Dosierungen vermehrt auf, sodass heute das Behandlungsprinzip der geringstmöglichen Dosis/ minimal effektiven Dosis gilt, die der Patient oder die Patientin benötigt. Oftmals, um mit den Restsymptomen so gut wie möglich umgehen zu können, weil eine vollständige Rückbildung nicht erreicht werden kann.

Diese wissenschaftliche Erkenntnis, die auch in der S-3-Leitlinie »Psychosoziale Therapien bei schweren psychischen Erkrankungen« formuliert wird, wird jedoch bis heute in der alltäglichen Praxis nur selten umgesetzt. Die hierfür erforderlichen Dosierungen sind nämlich erstaunlich gering.

Hinsichtlich der Langzeitbehandlung mit Antipsychotika konnte in aktuellen Studien nachgewiesen werden, dass Patient/innen, die nach der erfolgreichen Behandlung mit AP sechs Monate ohne Symptome waren und eine Dosisverminderung bzw. das Absetzen der Medikation anstrebten, nach 18 Monaten unter der Begleitung durch ein ambulantes Team zwar zunächst doppelt so viele Rückfälle hatten wie die Vergleichsgruppe, die ihre Dosierung beibehalten hatte. Nach sieben Jahren aber waren in der Gruppe mit der Dosisreduktion die Dosierungen weiterhin deutlich niedriger. Die Rückfälle waren mittlerweile in beiden Gruppen identisch, jedoch zeigten mehr als doppelt so viele Patient/innen mit Dosisreduktion ein soziales Recovery (soziale Beziehungen, Eigenständigkeit bis zur Berufstätigkeit): 40 Prozent statt 17 Prozent in der Gruppe mit der Dauermedikation.

Nach heutigem Kenntnisstand werden Psychosen als Zusammenspiel von genetischen und biologischen und sozialen (in erster Linie emotionalen) Faktoren bedingt, die auf den Körper und auf das Hirn als »soziales Organ« einwirken, besonders, wenn schützende Erfahrungen wie Bindungen und soziale Netzwerke nicht ausreichend zur Verfügung stehen. Bekannte und erforschte Risikofaktoren für die Ausbildung einer Psychose sind Störungen in der Schwangerschaft, Geburtskomplikationen, frühe Verlusterfahrungen, mangelnde Bindungserfahrungen, instabile Umwelten, elterliche Konflikte, sexueller und emotionaler Missbrauch, Gewalterfahrungen, Vernachlässigung, soziale Notlagen, soziale Ablehnung, Niederlagen, Leben in Städten, Migration, Diskriminierung und Cannabis.[5]

---

5 Volker ADERHOLD: Neuroleptika minimal – warum und wie? Institut für Sozialpsychiatrie an der Uni Greifswald, 8/2004, S. 2 ff. http://www.psychiatrie-verlag.de/startseite/news/news-article/neuroleptika-minimal-warum-und-wie.html; Download der pdf-datei gratis möglich. (Stand: 16.11.2017)

Diese biografischen und Lebensumwelterfahrungen, die erheblich an der Entstehung einer schweren psychischen Erkrankung beteiligt sind, sind nicht medikamentös behandelbar, sondern benötigen verschiedene Formen der Therapie, also z. B. psychotherapeutische Therapien, Soziotherapie sowie begleitende sozialpädagogische Unterstützungsangebote.

Eine in randomisierten Studien nachgewiesene effektive Therapieform für Menschen mit Psychosen und Schizophrenien ist beispielsweise die systemische Einzel- und Familientherapie.[6]

Folgen dauerhafter Einnahme von Psychopharmaka

Die erste erschreckende Erkenntnis ist, dass die dauerhafte Einnahme von Psychopharmaka an einer erhöhten Sterblichkeit von 15 bis 30 Jahren bei Menschen mit Schizophrenie-Diagnose beteiligt ist, insbesondere durch die kardiovaskulären Nebenwirkungen. Also reicht die Lebenserwartung unserer psychisch erkrankten Klient/innen oft nur bis knapp zum Rentenalter, wenn überhaupt.

Im Gegensatz zu anderen Therapien gibt es bei der mit Psychopharmaka keine Kontraindikation. Das ist vielleicht auch ein Grund, warum so viele Medikamente aus diesem Wirkbereich verschrieben werden. Die Zunahme der psychischen Diagnosen hat sicherlich auch zu einer Zunahme von verschriebenen Psychopharmaka geführt. Es gilt heute schon als psychisches Krankheitssymptom, was früher noch eine normale Trauerreaktion war. So wurde ein längeres Trauerverhalten als zwei Wochen nach dem Tod eines nahen Angehörigen von dem DSM 5 (Diagnostic and Statistical Manual of Mental Disorders [DSM] als pathologisch und damit als behandelbares depressives Verhalten erklärt. Hier bietet sich dann die Gabe von Antidepressiva förmlich an. Ein Phänomen, das sich besonders in Pflege und stationären Einrichtungen erkennen lässt. Dort ist die Gabe von Antidepressiva und weiteren Psychopharmaka (z. B. Risperdal) erschreckend hoch. Mit Trauer und Lebensunlust umzugehen

---

[6] The Efficacy of Systemic Therapy With Adult Patients: A Meta-Content Analysis of 38 Randomized Controlled Trials, Dr. Phil. Kirsten VON SYDOW, Dipl.-Psych. Stephan BEHER, Dr. Rer. Soc., Dipl.-Psych. Jochen SCHWEITZER, Dipl.-Psych. Rüdiger RETZLAFF, in Family Process, Vol 49, No 4, 2010.

ist schwer, wenn man keine Zeit hat für tröstende und begleitende Worte oder Gesten.

Führt die psychische Erkrankung für sich genommen schon zu einer erheblichen Beeinträchtigung im Eigenerleben und zu Störungen mit der Umwelt, so führen die Nebenwirkungen zu Symptomen, die zusätzlich stigmatisierend wirken können. Häufig kommt es infolgedessen zu Selbstzweifeln, kognitiver und emotionaler Abstumpfung sowie zu sozialem Rückzug. Nachfolgend genannt ist eine Liste aller möglichen Nebenwirkungen. Sie gilt im Prinzip für alle Psychopharmaka. Die Symptome treten bei Patient/innen je nach Präparat und individueller Verträglichkeit differierend auf:

- Gewichtszunahme,
- Mundtrockenheit, Mundgeruch
- Bartwuchs bei Frauen
- Brustwachstum bei Männern (bes. durch Risperdal)
- Akne
- Tics
- metabolisches Syndrom (abdominelle Fettleibigkeit, Bluthochdruck, Fettstoffwechselstörung, Insulinresistenz mit der Folge eines Diabetes mellitus Typ 2)
- Akathisie (Sitzunruhe, Trippelschritte, repetitive Bewegungen der Hände und Füße, der Gesichtsmuskulatur)
- Obstipation (Verstopfung)
- sexuelle Dysfunktion
- Sedierung
- epileptische Anfälle
- malignes neuroleptisches Syndrom (lebensbedrohlich werdendes Syndrom erkennbar z. B. durch extreme Muskelsteifigkeit, Schwitzen, Inkontinenz, Verwirrtheit, Katatonie, Mutismus u. v. m.)

Die sichtbaren körperlichen, mentalen und Stigma verstärkenden Veränderungen sowie die geringere Lebenserwartung unter Psychopharmaka werden zu wenig in den Fokus gerückt, wenn Überlegungen zu einer medikamentösen Behandlung angestellt werden.[7]

Als in den späten 1970er- und frühen 1980er-Jahren die sogenannte zweite Generation der AP – hier vor allem der Wirkstoff Clozapin – auf den Markt kam, bestand die Hoffnung, dass die besonders auffälligen

---

7 Volkmar ADERHOLD: Neuroleptika minimal – warum und wie?, a. a. O. S. 26 ff.

Nebenwirkungen der Akathisie keine Rolle mehr spielen würden. Diese unwillkürlichen Bewegungen der Arme und Beine sowie der Gesichtsmuskeln war besonders bei der Gabe von Haldol aufgetreten, eines der ersten AP, das besonders bei Psychosen aus dem schizophrenen Formenkreis angewendet wurde.

Clozapin scheint aktuell das Medikament der Wahl zu sein, wenn andere AP nicht anschlagen oder zu starken Nebenwirkungen führen. Einen Nachteil gibt es auch hier – nämlich das Risiko der Verminderung der weißen Blutkörperchen (Agranulozystoseschädigung des Knochenmarks, Schädigung des Immunsystems).

Antipsychotika sowohl der ersten (FGA – first generation antipsychotics) als auch eine Kombination aus diesen FGA und denen der zweiten Generation (SGA – second generation psychotics) führen bereits nach wenigen Wochen der Behandlung zu Hirnvolumenveränderungen und bei der üblichen langfristigen Einnahme zu einer dauerhaften und irreversiblen Verminderung des Hirnvolumens (der grauen und weißen Substanz). Gegenwärtig kann nicht sicher eingeschätzt werden, ob SGA bei alleiniger Therapie solche Volumenminderung nicht erzeugen. Es liegen zu wenige und zu kleine Studien vor. Die Folgen der Hirnvolumenminderung sind:

- Verschlechterung der Fähigkeit zu Abstraktion und Flexibilität
- Einschränkungen im Bereich der Sprache und der räumlichen Orientierung
- geringe Aufmerksamkeit
- Einschränkungen im Arbeitsgedächtnis und im Problemlöseverhalten
- Einschränkungen in der sozialen Anpassungsfähigkeit

Erstaunlicherweise zeigte sich in einer Langzeitstudie, »dass die Patienten mit einer Schizophrenie und guter Prognose, die nach ca. einem Jahr meist gegen ärztlichen Rat die antipsychotische Medikation abgesetzt hatten, in den 20 Jahren danach einen deutlich günstigeren Verlauf nahmen, als diejenigen mit gleich guter Prognose unter fortgesetzter antipsychotischer Medikation«.[8]

Die meisten anerkannten pharmakologischen Expert/innen vertreten daher mittlerweile die Strategie der niedrigsten möglichen Dosierung, auch in Akutbehandlungen und darüber hinaus in der Monotherapie.

---
8 Volkmar ADERHOLD: Neuroleptika minimal – warum und wie?, a.a.O. S. 26 ff.

Gleichzeitig sollte eine psychosoziale und psychotherapeutische Begleitung und Unterstützung erfolgen.

Diese Tabelle (Quelle: Wikipedia) ist nicht vollständig, sondern dient nur beispielhaft einer Darstellung der Nebenwirkungen und Langzeitfolgen bekannter Psychopharmaka.

Medikament	Wirkstoff und Verwendung	Nebenwirkungen
Risperdal consta	Risperidon, atypisches Neuroleptikum der zweiten Generation mit angeblich geringeren NW auf das extrapyramidale motorische System (Bewegungsapparat). Behandlung von Schizophrenien, Manien, Aggression, Demenz	Gewichtszunahmen, sexuelle Funktionsstörungen, Gynäkomastie, Verstärkte NW bei Kombinationstherapie mit anderen Neuroleptika, Verminderung des Hirnvolumens
Seroquel	Quetiapin, atypisches Neuroleptika der zweiten Generation bei Schizophrenie und bipolaren Erkrankungen	Benommenheit, Schwindel, Gewichtszunahme, Obstipation, Hypertonie, Verminderung des Hirnvolumens
Ergenyl	Valproinsäure, Neuroleptika der ersten Generation Antiepileptika, bei bipolaren Störungen und als Phasenprophylaktika	Juckreiz, Hautausschläge, Benommenheit, Schwindel, Bewegungsstörungen, Gewichtsverlust oder -zunahme, Zittern, Missempfindungen, auch Verhaltensstörungen, Speichelfluss, Ohrgeräusche, Wahnvorstellungen, Verminderung des Hirnvolumens
Fluanxol	Flupentixol, typisches Neuroleptikum der ersten Generation bei akuten und chronischen Schizophrenien, Autismus	Sitzunruhe, Blickkrämpfe, Dyskinesien, Müdigkeit, Parkinsoid, Rigor und weitere NW, Verminderung des Hirnvolumens

NW = Nebenwirkungen

Die Profis in der Psychiatrie und die Patient/innen

In dem Dokumentarfilm »Leben mit Psychopharmaka« kommen Pflegekräfte und Ärzt/innen, Patient/innen und Angehörige als »Profis« zu Wort. Es ist eine multiprofessionelle Runde – zu denen ich die Klient/innen und deren Angehörige im Sinne von »Expert/innen aus Erfahrung« ebenfalls hinzuzähle.

Die Gesprächsrunde wird nicht angeleitet, sondern es sind Menschen in einem Raum, »die sich Erlebnisse erzählen, die man sich eigentlich nicht erzählt. Es geht um Angst, Ohnmacht und Verzweiflung. Es geht um Familien, die zerstört werden. Es geht um die Existenz. (...) Es ist ein Tabu darüber zu reden. Aus Angst. Aus Scham. Aus Schuldgefühlen«.[9]

Die Ausschnitte machen deutlich, unter welchen Belastungen in der Psychiatrie gearbeitet wird, und wie weit der Weg noch ist zu einer Psychiatrie, die dem Gedanken verpflichtet ist, dass jeder Mensch einen Wunsch nach persönlicher Entwicklung hat, und dass jede Erkrankung der Seele auch etwas mit den biografischen und umweltbezogenen Erfahrungen zu tun hat, die integriert werden müssen. Medikamente helfen sicher, Leid und Symptome zu lindern, lösen aber nicht die Ambivalenzen und die kontextbedingen Problemlagen, unter denen Menschen leiden, auf.

Hier einige Transkriptionen aus dem Lehrfilm »Leben mit Psychopharmaka«. Die Personen im Lehrfilm stellen sich weder namentlich noch in ihrer Funktion vor. Deswegen erfolgt dies auch bei der Transkription nicht.

Person 1

» Ich habe die Diagnose bipolare Störung... Da hat man mir dann Lithium empfohlen, und ich hab das auch brav genommen. Ein halbes Jahr ungefähr. Und ich selbst musste feststellen, dass meine Kreativität völlig abhandengekommen war. Da war einfach nichts mehr und das Gefühlsleben hat sich auf ein graues Band reduziert. (...) Der Plan war, danach in Akutsituationen einzugreifen. Es hat sehr lange gedauert und hat wirklich viele Schäden und Scherben hinterlassen, bis ich dann eingesehen hab, ich möchte so etwas nicht mehr erleben. Ich möchte so was auch anderen nicht mehr zumuten und ich möchte was dagegen unternehmen. Und das funktioniert jetzt seit zehn Jahren eigentlich relativ gut. Das heißt, ich bin zehn Jahre episodenfrei. Es gab mal so ein paar kleine Ansätze, und da hab ich auch selbstbewusst und selbstbestimmt medikamentös gegengesteuert. Und zwar mit sehr kleinen Dosen, eigentlich homöopathischen Dosen von Neuroleptika und hab festgestellt, es

---

[9] »Raum 4070«- Ein Dokumentarfilm von Jana KALMS und Torsten STRIEGNITZ, Psychiatrie Verlag 2005.

funktioniert. Und nach zwei, drei, vier Tagen konnte ich es dann schon wieder weglassen. Also, es geht auch so… **«**

Person 2

» (…) und ich trau mich hier fast nicht, das zu sagen, ich weiß, dass es Dankbarkeit für Medikamente gibt, die gibt's bei mir nicht, ich hab sie als Folter erlebt (…) Aber ich möchte trotzdem, dass gesagt wird, Medikamente können auch verhindern, dass jemand wieder Verantwortung übernimmt, weil er ja gar nicht dazu in der Lage ist. (…) Medikamente machen auch tot. **«**

Person 3

» Ich selber war ja völlig naiv, was diese Medikamente angeht. Es wurde erklärt, es ist eben eine Hirnstoffwechselstörung, und man muss es betrachten eventuell wie eine chronische Krankheit, man weiß das noch nicht, aber vielleicht ist das so. (…) Er bekam als erstes Zyprexa und das hat innerhalb von 14 Tagen so für mich von außen betrachtet, toll gewirkt. (…) Aber dann hat er gesagt, (…), dass er immer noch Stimmen hört. Und dann wurde umgestellt auf Risperdal. (…) Und damit wurde er sehr depressiv und schlapp und unfähig so in Kontakt zu gehen, ja. Und dann gab es eine große Umstellung auf Abilify. Und das hatte so die Wirkung, dass er so überaktiv wurde und tausend Pläne hatte (…). Und dann schlug es um in die Psychose, weil er dann ganz radikal abgesetzt hat. (…) Er kam dann in die Klinik (…) er wurde gespritzt, (…) er wollte ja nichts schlucken – auch mit Fixierungen, also das waren …, denke ich, für ihn auch echt üble Erfahrungen. Richtig übel – ja und dahinter steht natürlich auch die Hilflosigkeit der behandelnden Ärzte. Da ist jemand, dem fehlt was, und wir müssen da was tun. **«**

Person 4

» Das Fatale, was ich bei den Medikamenten sehe, ist die Verpackung. Also ich meine jetzt nicht die Pappschachtel, sondern ich meine, was als Botschaft rüberkommt. Du bist falsch, da ist was in dir defekt, das müssen wir jetzt ändern, und da kommt was zu kurz. Da kommt das Selbstverstehen zu kurz. Du bist aus einem Grund so, wie du bist. Da kommt was zu kurz, was nötig ist, um heil zu werden, um rauszukommen. «

Person 5

» Ich bin zwar kein Arzt, nur Pfleger... aber ich glaube, zu meiner Anfangszeit in der Psychiatrie war ich auch eher jemand, der zum Doktor gegangen ist und gesagt hat: Wir müssen mal was machen, da muss mehr... Aber über die Jahre bin ich jetzt eher einer, der sagt, eher weniger, wir müssen deutlich mehr reden. Durch viel reden, würde man viel Wut bei den Patienten wegkriegen oder erfahren, warum ist er so wütend. Meistens ist er wütend, weil er jetzt gerade bei uns ist... Am Anfang hat bei meiner Arbeit viel Angst mitgespielt vor den Patienten – was passiert jetzt da? «

Person 6

» Ich hab gemerkt, dass aufseiten der Psychiatrie sehr viel Angst vor dieser Wut ist... Ich glaube, dass gerade aufgrund dieser Angst vor dieser Wut auch Medikamente höher dosiert werden. Und ich möchte dazu sagen, was das macht, wenn die Wut nicht raus darf. Dann zerstört sie die Menschen von innen. Und der extreme Wunsch, niemand anderem zu schaden, gipfelt dann oftmals auch im Suizid. Bloß niemand anderen! «

Person 7

» Ich glaube ja, die Zeit der Hochdosierung ist noch nicht vorbei. Immer wieder erlebe ich junge Menschen, junge Patienten, die ganz hohe Dosierungen von Medikamenten bekommen, und auch mal einen Absetzversuch machen, und die sind so schwer. Ich glaube eben, wenn ein Neuroleptikum nicht wirkt, dann müssen wir es eben ein bisschen raufsetzen. Aber es gibt da noch die Erfahrung ein Zweites dazuzugeben, und dann gibt es noch eine Phasenprophylaxe und dann sind es schon drei. Das kann gut gemeint sein, es kann aber nicht richtig sein – es kann nicht richtig sein. Das ist die Praxis. Und es gibt auch andere, die ganz behutsam rangehen. Ja, es gibt andere Ärzte. Und es gibt großen Druck von Angehörigen, die sagen: ›Behandelt jetzt endlich meinen Sohn mal richtig. Warum kriegt der keine Medikamente?‹ Es gibt großen Druck von Teilen des Pflegepersonals, die sagen: ›Wir halten das nicht aus, wir können Menschen nicht ohne Medikamente führen, wir schaffen das nicht.‹ «

Person 8

» Diese Nebenwirkungen der Medikamente, die sind für mich ganz schön heftig und angsteinflößend. Ich weiß, meine Schilddrüse ist hin, und das ist vermutlich eine Nebenwirkung. Ich war, bis ich 2015 zum ersten Mal in der Klinik war, recht sportlich, war 30 Kilo leichter als jetzt, hatte keine dicken Finger, wie jetzt, keine dicken Füße und hab mich wohl in meinem Körper gefühlt. Und das ist jetzt nicht mehr so. Mir tun meine Füße weh, wenn ich gehe, mit den Händen mag ich nicht mehr richtig zupacken. Aber ich mag nicht so gerne zurückschauen und sagen, ich wäre gerne so wie früher, weil das sowieso nicht geht. Aber ich weiß, dass mein Papa gesagt hat, als er mich das erste Mal unter Medikamenten gesehen hat, das ist nicht meine Ilona. Dann saß ich da, das erste Mal, als ich Weihnachten bei ihnen war, und da war nichts von Lebensfreude, da war ich sehr müde, sehr träge, sehr schläfrig, kaum ansprechbar. Es sagen mir viele, auch Ärzte: ›Ach, das ist doch nicht weiter schlimm, das macht nichts.‹ Aber es stört mich schon. «

Aderhold formulierte in der Arbeitsgruppe sinngemäß, dass der beste Schutz zur Abwehr von Zwang in der Klinik sei, die Dienstzimmer auf der Station abzuschaffen. Darüber bleibt, vielleicht nicht im wortwörtlichen Sinne, aber in der Bedeutung von professioneller Nähe und Distanz zwischen Behandler/innen und Patient/innen, nachzudenken.

Auswirkungen auf die rechtliche Betreuung

Durch die Antipsychotika der ersten und zweiten Generation wird zwar einerseits das psychotische Erleben in den Hintergrund gedrängt, zugleich aber der Mensch körperlich und psychisch in seiner Persönlichkeit verändert, häufig in seinem Ausdruck und in seinen Fähigkeiten reduziert.
Die persönlichen Möglichkeiten, die eigenen Angelegenheiten zu regeln und zu besorgen, nehmen durch die Behandlung möglicherweise ab. Es

kann so zu einer weiteren, diesmal medikamenteninduzierten Störung in der internen Disposition kommen.

Die interne Disposition, also die innere Veranlagung des Menschen, speist sich aus der Erkenntnis- und Urteilsfähigkeit, der Handlungs- und Steuerungskompetenz sowie der Wahrnehmungs- und Austauschfähigkeit.[10]

Diese Analysekriterien helfen bei der Feststellung des Besorgungs- und Unterstützungsbedarfs eines Menschen. Zugleich sind sie die Grundlage bei der Prüfung, in welcher Art und Weise die medizinische Behandlung Klient/innen in ihrem Selbstmanagement und in ihrer Selbstverantwortung stärkt oder schwächt.[11] Hierzu zählt die Auseinandersetzung, ob der »Preis« den der/die Klient/in bei einer Behandlung mit Antipsychotika zahlt, mit dem erzielten Ergebnis in einem guten angemessenen Verhältnis steht. Das Thema »Non Compliance« – heute spricht man von Adhärenz – ist ja vor allem vor der Folie der Nebenwirkungen, die durch eine medikamentöse Behandlung auftreten, zu verstehen und zu akzeptieren.

Vor dem Hintergrund der neuen beunruhigenden Forschungsergebnisse über die Auswirkungen der Neuroleptika müssen wir uns als Betreuer/innen dringend mit der Frage nach Standards in der Gesundheitssorge, insbesondere mit Blick auf die medikamentöse Behandlung, befassen.

Denn: »Patienten haben einen Anspruch auf zeitgemäße Leistungen« (§ 17 Abs. 1 SGB I) und auf Leistungen, die dem allgemeinen anerkannten Stand medizinischer Erkenntnisse entsprechen (§ 2 Abs. 1 SGB V). Die Kernaussagen sind in die Aufklärung durch den Arzt einzubeziehen – s. Patientenrechtegesetz, § 630 c Informationspflicht und 630 e Aufklärungspflicht BGB.

Der Grundsatz »Verhandeln statt Behandeln« bzw. die partizipative Entscheidungsfindung muss für die Arzt-Patient-Kommunikation gemäß der S3-Leitlinie »Psychosoziale Therapien bei schweren psychischen Erkrankungen« (Fassung 2012, S. 27 f.)[12] bindend sein.

Zur Realisierung der partizipativen Entscheidungsfindung (»shared-decision-making«) und der selbstbestimmten und freien Entscheidung

---

10 Angela RODER: Die einen und die anderen Hilfen, Kompass 2/2014.
11 Selbstmanagement: Kompetenz die eigene persönliche Entwicklung weitgehend unabhängig von äußeren Einflüssen zu gestalten. Selbstverantwortung: Möglichkeit, Fähigkeit, Bereitschaft und die Pflicht, für das eigenen Handeln, Reden und Unterlassen Verantwortung (für sich selbst) zu tragen – nach Klaus FÖRTER-VONDEY, ppp, Qualitätsbeirat am 15.12.2012.
12 Volker ADERHOLD: Neuroleptika minimal – warum und wie?, a.a.O, S. 51.

nach Aufklärung durch Arzt oder Ärztin ist es also auch die Aufgabe der rechtlichen Betreuer/innen, auf eine ausreichende Beratung der Klient/innen durch die Ärzt/innen hinzuwirken und Behandlungsalternativen zu erörtern.

Hierzu gehören auch Konzepte, wie eine niedrigere Dosierung, eine Monotherapie und ggf. auch ein Absetzen realisiert werden können.

Wir als Berufsbetreuer/innen erleben derzeit noch nicht, dass sich das medizinische Fachwissen um die Folgen der Antipsychotika auch in einem entsprechenden Beratungssetting spiegelt. Geschweige denn, dass Behandlungsalternativen und andere Therapieformen angeboten werden.

So lange Menschen in der Psychiatrie unterteilt werden nach »gut auf die antipsychotische Medikation ansprechenden Patient/innen« mit den Merkmalen: »weibliches Geschlecht und gutes prämorbides Funktionsniveau« und »schlecht ansprechende Patient/innen« mit den Merkmalen: »fehlende Adhärenz, männliches Geschlecht, Substanzgebrauch, fehlende Krankheitseinsicht, forensische Anamnese und Traumatisierung«,[13] scheint mir der Erfolg der Therapie vor allem eine Anpassungsleistung an ein medizinisches Konzept zu sein.

Deutlich wird hier, dass eine Pharmakotherapie eigentlich immer, und dies besonders bei der schlecht ansprechenden Zielgruppe, in begleitende therapeutische Maßnahmen eingebettet sein muss.

Dringend erforderlich wären Standards für die Beratung und Unterstützung von Klient/innen in der Gesundheitssorge nicht nur bei der Vermeidung von Zwang, sondern auch bei der Pharmakotherapie. Ein Vorschlag hierzu könnte wie folgt aussehen:

Beratungsstandards Pharmakotherapie

1. Hinwirken auf eine ausreichende und nachvollziehbare Beratung bei der Pharmakotherapie mit dem behandelnden Arzt oder der behandelnden Ärztin
2. Regelmäßiges und in zeitlichen Abständen wiederholtes Hinterfragen von Dosierungen und Medikamentenanzahl
3. Psychopharmaka unter der Maßgabe: So viel wie nötig, so wenig wie möglich

---

13 Aus dem Papier der AG zum Modul 4 a »Pharmakotherapie und anderen somatische Behandlungsverfahren«, Okt. 2017 noch vor Abschluss der Konsentierung zu den S3-Schizophrenie-Leitlinien.

4. Geringe Eindosierung zu Beginn einer stationären oder ambulanten Behandlung (kein »Abschießen« zum Ruhigstellen)
5. Monotherapie reicht! Viel macht nicht viel!
6. Flankierende sozialpsychiatrische Hilfen und Therapieangebote ermöglichen wie z. B. Familien-, Verhaltens-, Ergo-, Licht-, Physio- sowie Psychotherapie, Sport- und Freizeitangebote
7. Soziales Umfeld (Familie, Freunde, Netzwerke) einbeziehen
8. Individuellen Krisenplan wenn möglich gemeinsam mit Klient/in erarbeiten, Kontrakt erstellen
9. Absetzwünsche diskutieren und ermöglichen und in einem gemeinsam mit dem Behandler/der Behandlerin zu erarbeitenden Plan festhalten

Die Standards würden eine evaluierbare Prozessqualität in der Gesundheitssorge/Pharmakotherapie ermöglichen und vermutlich dazu beitragen, stationäre Aufenthalte zu vermindern sowie die Sensibilisierung für Nebenwirkungen zu erhöhen. Last but not least wird so die Patientenautonomie unterstützt und gestärkt und damit auch Partizipation und Teilhabe gesichert.

Es gibt allerdings noch zwei Hürden zu nehmen: Die eine ist, dass die psychiatrische Versorgung stark auf die medikamentöse Behandlung ausgerichtet ist, und es zu wenig Therapieangebote im stationären und ambulanten Rahmen – hier auch als Kassenleistung – gibt. Das Gesundheitswesen fokussiert sich eher auf somatische Erkrankungen und bietet kaum Therapieangebote für schwer psychisch erkrankte Menschen an.

Nur wenige Psychotherapeut/innen mit einer Kassenzulassung finden sich bereit, mit an Schizophrenie oder Psychose erkrankten Menschen zu arbeiten. Systemische Therapieformen, die besonders für diese Zielgruppe geeignet sind, sind im ambulanten Bereich nur privat zu erhalten und daher für viele psychisch kranke Menschen nicht bezahlbar. Denn noch deutlicher als bei somatischen Erkrankungen gilt der Grundsatz, dass psychische Erkrankungen arm und einsam machen.

So bleibt dann einzig die Eingliederungshilfe, die Psychotherapie nicht zahlt, sondern ausschließlich psychosoziale und sozialpädagogische Maßnahmen übernimmt. Das ist auf jeden Fall gut, aber nicht ausreichend.

---

14 ISG Institut für Sozialforschung und Gesellschaftspolitik, Endbericht vom 28.11.2017.

Das von den pflichtversicherten Bürger/innen, also auch von der hier betroffenen Patient/innengruppe, finanzierte Gesundheitssystem hält sich hier gewissermaßen fein raus und verlagert die Problematik in die Sozialhilfe, sprich in die Eingliederungshilfe. Deren Kosten sind in den letzten Jahre entsprechend extrem gestiegen – wen wundert's?

Die andere Hürde ist, dass die derzeitige Vergütungsregelung im VBVG zur Folge hat, dass nach den Ergebnissen der ISG-Studie zu Qualität in der Betreuung[14] im Durchschnitt pro Fall nur 3,3 Stunden im Monat an vergüteter Zeit zur Verfügung stehen. In dieser Zeit müssen aber auch alle anderen zu besorgenden Angelegenheiten den Aufgabenkreisen entsprechend geregelt werden. Unter den aktuellen Umständen ist daher eine regelhafte und verlässliche Umsetzung der Standards nicht realisierbar.

Dennoch ist gut zu wissen, was zu tun bleibt, und welchen Rahmen es hierfür zu erstreiten gilt, damit der Grundsatz einer partizipativen Entscheidungsfindung auch zwischen Klient/in und Betreuer/in Alltag werden kann.

Iris Peymann
Korrespondenzadresse: i.peymann@betreuung-und-beratung.de

Fachliche Begleitung des Artikels:
Dr. med. Volkmar Aderhold
Korrespondenzadresse: volkmar.aderhold@uni-greifswald.de

Betreuungsqualität sichern: realistische Ziele, praktikable Ansätze

Hilke Wolken-Gretschus, Eberhard Kühn

Auch nach 25 Jahren Betreuungsrecht gibt es keine gesetzlichen Regelungen zu verbindlichen Zulassungs- und Qualitätskriterien für die Betreuungsarbeit, und das Betreuungsrecht sowie die Betreuungspraxis weisen erhebliche Mängel auf. Vor diesem Hintergrund diskutierten Berufsbetreuer/innen und Vertreter/innen aus Behörden und Politik auf der Jahrestagung 2017 des Bundesverbandes der Berufsbetreuer/innen über praktikable Ansätze zur Qualitätssicherung in der Betreuungsarbeit. An folgenden Fragestellungen wurde gearbeitet: Welche Möglichkeiten gibt es, Berufsbetreuer/innen in der Qualitätssicherung ihrer Arbeit zu unterstützen? Wie können Missverständnisse und Unwissenheit über die Pflichten und Rechte von Berufsbetreuer/innen vermieden werden? Wie können eine qualitativ hochwertige Betreuungsarbeit, aber auch der Betreuungserfolg für Klient/innen, nachgewiesen und dem sozialen Umfeld und der Gesellschaft vermittelt werden? Forderungen und Wünsche sollten formuliert werden, die von den Berufsbetreuer/innen selbst, aber auch von anderen Interessensparteien erfüllt werden müssten, damit professionelle Betreuungsarbeit sichtbar wird und sich von unprofessioneller Arbeit unterscheidet. Im Rahmen der Arbeitsgruppe wurden einige exemplarische Ansätze verfolgt, wie durch eine Verbesserung der Rahmenbedingungen eine professionelle und qualitative Betreuungsarbeit erreicht werden kann.

Ergebnisse aus der Diskussion der Arbeitsgruppe

Die in der Diskussion entwickelten Ideen und Wünsche werden in diesem Bericht dargestellt und durch Erläuterungen ergänzt.

Ansatz: Eignungskriterien/Standards für die Betreuungsarbeit

Das Empfehlungspapier der Bundesarbeitsgemeinschaft der überörtlichen Betreuungsbehörden (BAGüS) und der kommunalen Spitzenverbände zur Auswahl von Berufsbetreuer/innen (2013) bildet wesentliche strukturelle und persönliche Anforderungsmerkmale ab, die Berufsbetreuer/innen erfüllen sollten. Aber kann in der Erfüllung dieser Kriterien ein Indiz für eine qualitativ hochwertige Betreuungsarbeit gesehen werden? Die Umsetzung berufsfachlicher Konzepte und Methoden, um Menschen bei der Besorgung ihrer Angelegenheiten professionell zu unterstützen, bleibt wenig beachtet. Wichtig ist, dass zukünftig geordnete, modellierte soziale Prozesse für die Qualität in der Betreuungsarbeit definiert und kommuniziert werden. So sollten das Wissen und die Anwendung der Methode Betreuungsmanagement (RODER, bdbaspekte 79/2009) Beachtung in der Nachweisbarkeit von Betreuungsqualität finden. Die Anwendung dieser Methode ermöglicht einen Nachweis über die Verfahren, über den Umgang mit den Klient/innen und die Maßnahmen zur Unterstützten Entscheidungsfindung.

Ergebnis: Auch wenn die Registrierung und Selbstdarstellung im Qualitätsregister des Bundesverbandes mit einer Selbstverpflichtung zur Einhaltung der wichtigsten Empfehlungskriterien verbunden ist, so reichen diese Anstrengungen nicht aus, um die Entscheidungsträger in der Politik und Betreuungsbehörden von der qualitativ hochwertigen Arbeit der Berufsbetreuerinnen zu überzeugen.

Ansatz: Beziehungsgestaltung/persönliche Eignung für die Ausübung der Berufsbetreuung

Es darf nicht außer Acht gelassen werden, dass Berufsbetreuer/innen einen Klienten oder eine Klientin im Grunde erst dann übernehmen, wenn alle anderen Hilfen versagt haben. Betreuer und Betreuerinnen erhalten somit den Status »Nachteilsausgleicher«. Die Fähigkeit zur »richtigen«, »angemessenen« Kommunikation muss bei der Betrachtung der Betreuereignung mit an erster Stelle stehen. Berufsbetreuer/innen müssen eine besonders hohe Frustrationsgrenze und ein sehr ausgeprägtes Durchsetzungsvermögen mitbringen, um den oft sehr schwierigen Klient/innen gerecht zu werden und selbst gesund zu bleiben. Ein besonderes

Augenmerk muss darin liegen, andere Lebensanschauungen zuzulassen und eigene Vorstellungen und Absichten zurückstellen zu können. Selbstreflexion und Fortbildung sind daher unerlässlich für eine gute, qualitätsorientierte Betreuungsarbeit.

Ansatz: Bürogemeinschaften

Die Begrenzung der Fallzahl sowie die Besuchshäufigkeit können grundsätzlich nicht als Indiz für die Betreuungsqualität gelten. Insbesondere dann nicht, wenn Berufsbetreuer/innen sich aus dem Grunde der Effizienz- und Qualitätssteigerung in Bürogemeinschaften zusammenschließen, um mehr Klient/innen betreuen zu können, als dies bei einer Alleinarbeit möglich wäre. Diese Organisationsform ermöglicht eine personzentrierte Betreuungsarbeit, fördert den fachlichen Austausch und überzeugt Klient/innen und Umfeld, z. B. durch eine professionelle, technisch hoch qualifizierte und hochmoderne Strukturqualität. Hier gibt es offizielle Sprechzeiten für Klient/innen, Räume für den persönlichen Austausch und eine ausgeprägte Vertretungsregelung sowie Dokumentationsmöglichkeit. Der Zusammenschluss in Bürogemeinschaften trägt nach Aussage der Teilnehmer/innen enorm dazu bei, dass Betreuungsarbeit hoch professionell und individuell sichergestellt wird. Zudem wird erreicht, dass die Belastung der Betreuerinnen und Betreuer sehr reduziert werden kann. Durch die strenge Begrenzung der Fallzahlverteilung seitens der Betreuungsbehörden wird professionell arbeitenden Bürogemeinschaften die Chance genommen, sich technisch und personell weiterzuentwickeln, um kostendeckend arbeiten zu können. Auch die Häufigkeit der Klientenbesuche ist kein Nachweis für qualitätsvolle Betreuungsarbeit. Die Erforderlichkeit eines persönlichen Kontaktes muss im Rahmen eines personzentrierten Verfahrens entschieden werden.

Ergebnis: Bürogemeinschaften können aufgrund ihrer Struktur eher eine qualitativ hochwertige Betreuung von Menschen erbringen als Einzelbüros in Privatgebäuden. Sie stellen sich den Fragen der Betreuungsbehörden und öffnen ihre Türen, um entsprechenden Vorbehalten »man würde sich nicht um Klienten kümmern und Betreuung nur noch delegieren« entgegenzuwirken. Als Beteiligte am Betreuungswesen haben die Betreuungsbehörden und die Landesgruppen des Bundesverbandes gute Chancen, »Einzelkämpfer« durch Infoveranstaltungen bzw. Schulungen dazu zu motivieren, sich mehr zu vernetzen und in Bürogemeinschaften zusammenzuschließen.

Ansatz: Vernetzen vor Ort/Transparenz/Überzeugen für Betreuungsqualität

Zum einen sind die Möglichkeiten, die eigene Fachlichkeit und Arbeitsqualität nach außen zu kommunizieren, sehr begrenzt. Genannt werden z. B. der Auftritt durch die eigene Homepage, die Beteiligung an verbandlichen Aktivitäten, Behördentreffen oder die Eintragung im Qualitätsregister des BdB. Zum anderen sieht die Arbeitsgruppe ein wesentliches Problem darin, dass etwa die Hälfte der Berufsbetreuer/innen nicht verbandlich organisiert ist und vermutlich wenig oder gar nicht an Fortbildungsmaßnahmen, Fallbesprechungen oder Supervisionsangeboten teilnimmt. Mit ca. 6.500 Mitgliedern erreicht der Bundesverband der Berufsbetreuer/innen etwa die Hälfte aller aktiven Berufsbetreuer/innen in Deutschland. Trotz guter Mitgliedsangebote, Vergünstigungen bei Versicherungen und Fortbildungen sowie des Zugangs zu Fachartikeln ist die Mehrzahl der Betreuerinnen und Betreuer in der Bundesrepublik mehr oder minder »allein« unterwegs. Auch Erfolgsdruck und Angst vor Konkurrenz spielen eine Rolle, sich nicht zu vernetzen.

Ergebnis: Gute Möglichkeiten, Transparenz und Aufklärung in der Betreuungsarbeit zu verbessern, werden in der stärkeren Vernetzung vor Ort gesehen, etwa durch Arbeitskreise, Mailingaustausch (Newsletter) und Intervisionsgruppen. Besonders engagierte Berufsbetreuer/innen kümmern sich um den Austausch und initiieren Arbeitskreise. Auch kann man sich gut vorstellen, dass die Tagespresse neutral und in verstärktem Maße über professionelle Betreuungsarbeit berichtet und damit der ethische Kern der Betreuungsarbeit in den Vordergrund gestellt und die Haltung der Berufsbetreuer/innen deutlich gemacht werden. Die Verfassung von Artikeln und Pressemitteilungen erfolgt auch jetzt schon über den BdB, überwiegend in der Fachpresse.

Ansatz: Auditierung/»gelebte Betreuungsqualität«

In der Arbeitsgruppe wurde das Auditierungsverfahren von Betreuungsbüros vorgestellt, welches vom Institut für Innovation und Praxistransfer in der Betreuung (ipb) im Rahmen eines Projektes 2016 gestartet wurde.

Erstmals ist es gelungen, dass sich Berufsbetreuer/innen im Rahmen einer externen Begutachtung durch ein ausgebildetes Auditorenteam »in die Karten schauen lassen«. Im Zuge eines persönlichen »Vor-Ort-Gespräches« werden via Fragebogen die Einhaltung der wesentlichen Anforderungen/ Empfehlungen für eine optimale Struktur-, Prozess- und Ergebnisqualität ermittelt und ausgewertet. So stehen bei der Ermittlung der Strukturqualität Fragen von der technischen Ausstattung des Büros bis hin zur Vertretungsregelung im Fokus. Die Fragen zur Prozessqualität beinhalten z. B. die Nachweisbarkeit der Betreuungsmethoden, die Teilnahme an Fortbildungsmaßnahmen, aber auch die Verschriftlichung von Arbeitsaufgaben. Bei dem Nachweis der Ergebnisqualität stehen nochmals die Wünsche, Zufriedenheit der Klient/innen, Umgang und Vereinbarungen mit den Klient/innen im Vordergrund. Nach erfolgtem Auditgespräch erhalten die Berufsbetreuer/innen einen Bericht sowie ein Zertifikat. Das Auditorenteam ist sich sicher, dass diese Maßnahme eine sehr sinnvolle Methode ist, um Betreuungsqualität unter Beweis zu stellen. Dieses Verfahren ist vom Bundesverband initiiert worden. Professionell arbeitende Berufsbetreuer/innen erhalten die Möglichkeit, ihre Betreuungsqualität unter Beweis zu stellen, auch um deutlich zu machen, dass die Qualität ihrer Betreuungsarbeit eine bessere Vergütung erfordert.

Die Autor/innen bedanken sich herzlich für das Statement von Frau Barbara Wurster (Bundesministerium für Familie, Senioren, Frauen und Jugend, BMFSFJ), *welches die Wichtigkeit der Qualitätsnachweise noch einmal aus politischer Sicht unterstützt.*

Statement Ministerialrätin Barbara Wurster, BMFSFJ

»Aktuell sichern rechtliche Betreuende in Deutschland die Selbstbestimmung und Interessenlage von etwa 1,25 Millionen betreuten Menschen und ihren Angehörigen und wir wissen, dass der Unterstützungsbedarf hilfebedürftiger Erwachsener in einer alternden Gesellschaft weiter und schnell wachsen wird.
Unsere Gesellschaft wird somit in Zukunft auf eine wachsende Zahl ausreichend qualifizierter ehrenamtlicher, die mehr als die Hälfte aller Betreuungen führen, wie auch professioneller Betreuender angewiesen sein.
Die UN-Behindertenkonvention, zu deren Leitbild der Inklusion sich auch Deutschland bekennt, gibt uns klar auf, dass z. B. die wachsende

Zahl von Menschen mit Demenz – ebenso wie Menschen mit anderen Unterstützungsbedarfen – mitten in der Gemeinschaft so weit wie möglich selbstbestimmt ihr Leben führen, sich aufgehoben fühlen und sich auf bedarfsgerechte Unterstützung verlassen dürfen.

Daher sind uns auch gerade die qualitativ gute Unterstützung der Familien und der Familienangehörigen, die bereit sind, eine Betreuung zu übernehmen, sehr wichtig. Meist kümmern sich diese Angehörigen um ihre Verwandten mit einer Behinderung oder Beeinträchtigung und den daraus resultierenden Hilfebedarfen.

Allerdings bestehen auch zwanzig Jahre nach der Abschaffung von Entmündigung und Vormundschaft sowie Pflegschaft für Erwachsene immer noch Ängste von direkt Betroffenen wie Angehörigen vor rechtlicher Betreuung.

Die aktuelle Qualitätsdebatte in der rechtlichen Betreuung ist daher aus meiner Sicht auch deshalb so wichtig, weil sie einen Beitrag leistet, Angst vor rechtlicher Betreuung (weiter) abzubauen oder sogar zu nehmen: Denn nur eine qualitative gute rechtliche Betreuung sichert die Selbstbestimmung des Unterstützungsbedürftigen und garantiert die notwendigen guten Rahmenbedingungen für die rechtlich Betreuenden.«

Fazit

Fazit der Arbeitsgruppe ist, dass nur durch eine professionelle Arbeitsstruktur qualitativ gute Betreuungsarbeit für und mit den Klient/innen erzielt werden kann. Dass diese Forderung im Einklang mit einer Verbesserung der materiellen Rahmenbedingungen steht, war für die Arbeitsgruppe selbstverständlich und wurde aus zeitlichen Gründen nicht weiter erörtert.

Hilke Wolken-Gretschus
Korrespondenzadresse:
hilke.wolken-gretschus@ipb-weiterbildung.de

Eberhard Kühn
Korrespondenzadresse: ekuehn@betreuung-lev.de

Professionelle Maßstäbe zur Unterstützung ver- und überschuldeter Klient/innen

Hans Peter Ehlen

Betreuer/innen sind in ihrem Berufsalltag zunehmend mit Menschen konfrontiert, die Unterstützung bei gelegentlich oder dauerhaft auftretenden finanziellen Problemen benötigen.

Um ver- und überschuldeten Klient/innen bei der Bewältigung ihrer Schuldenprobleme angemessen zur Seite stehen zu können, sind Grundkenntnisse der Schuldnerberatung unerlässlich. Für eine stets kompetente Beratung und Vertretung ist sodann die dauernde Aktualisierung vorhandener Kenntnisse unbedingte Voraussetzung. Wie in den anderen Bereichen ihrer Tätigkeit auch, werden die Betreuer/innen bei Fragen der Schuldenregulierung ständig mit einer Vielzahl neuer Vorschriften, Gesetze und Gerichtsentscheidungen konfrontiert, die die Alltagspraxis zuweilen stark beeinflussen.

Mit dem vorliegenden Beitrag soll (ohne Anspruch auf Vollständigkeit) einerseits ein Einblick in die praktizierte betreuerische Unterstützung ver- und überschuldeter Klient/innen im Einzelfall und andererseits ein Überblick über einige aktuelle rechtliche und methodische Fragestellungen gegeben werden.

Begriffsklärung: Verschuldung – Überschuldung

Bevor die methodischen Arbeitsabläufe skizziert werden, ist zunächst eine Begriffsklärung vorzunehmen:

Als **Verschuldung** wird – vereinfacht ausgedrückt – die Summe aller Zahlungsverpflichtungen bezeichnet, die gegenüber einer Person bestehen. Verschuldet zu sein ist also zunächst einmal nichts Ungewöhnliches oder gar Bedrohliches, soweit entsprechende Einkünfte gegenüberstehen.

Gesamtwirtschaftlich ist die produktive Verschuldung (also Schulden zu machen) sogar durchaus erwünscht, denn der kreditierte Konsum (Geschäfte, die eine zeitlich versetzte Leistung und Gegenleistung zum Gegenstand haben) belebt die Konjunktur bzw. fördert das Wirtschaftswachstum und sichert Arbeitsplätze. Insoweit sind Schulden ein zwangsläufiger Bestandteil unseres Wirtschaftssystems.

Problematisch wird es für Schuldner/innen, sobald Zahlungsverpflichtungen über einen längeren Zeitraum nicht mehr eingehalten werden können.

Dann spricht man von **Überschuldung**. Sie »liegt bei einem Privathaushalt vor, wenn dauerhaft bzw. auf unabsehbare Zeit, nach Abzug der fixen Lebenshaltungskosten (Beträge für Dauerschuldverhältnisse wie Miete, Energie, Versicherung, Telekommunikation) zzgl. Ernährung und sonstigem notwendigen Lebensbedarf (Geld zum Leben), der verbleibende Rest des gesamten Haushaltseinkommens nicht ausreicht, um die laufenden Raten für eingegangene Verbindlichkeiten zu decken und somit Zahlungsunfähigkeit eintritt (GROTH U.; SCHULZ-RACKOLL R.; u.a. [Hg.] in: Praxishandbuch Schuldnerberatung 2017, Teil 1, S. 8).

Wird im Rahmen der Betreuung, z. B. im Zusammenhang mit der Übertragung der Vermögenssorge festgestellt, dass sich die finanziellen Verhältnisse der Klient/innen nicht nur vorübergehend in einer Schieflage befinden, die Zahlungsschwierigkeiten also über einen längeren Zeitraum bestehen, dann ist eine strukturierte Auseinandersetzung mit der Schuldenproblematik der Klient/innen unumgänglich.

Schuldenregulierung in der Betreuungspraxis

Bestandteile einer umfassenden Schuldnerberatung

Betreuer/innen befinden sich insoweit in einer mit Schuldnerberater/innen durchaus vergleichbaren (Ausgangs-)Lage. Wenn sie es mit überschuldeten Klient/innen zu tun haben, ist es daher nur folgerichtig, sich auch im Rahmen der gesetzlichen Betreuung des Instrumentariums zu bedienen, das sich in der langjährigen Praxis der Schuldnerberatung bewährt hat.

Die methodischen Arbeitsschritte, die zur angemessenen Bewältigung des Schuldenproblems grundsätzlich in jedem Einzelfall einzuleiten sind,

können hier nur stichwortartig und ohne Anspruch auf Vollständigkeit aufgelistet werden:
- Strukturierte Vorgehensweise, Prioritätensetzung
- Existenzsicherung (Vermeidung von Wohnungsverlust, Sicherstellung der Energieversorgung)
- Umgang mit Pfändungsmaßnahmen, Pfändungsschutz
- Sicherung und Sichtung von Unterlagen, Bestandsaufnahme
- Prüfung der Einkommens- und Vermögensverhältnisse
- Schuldenbegrenzung, Vermeidung weiterer Schulden
- Forderungsüberprüfung
- Strategie des Umgangs mit Geld und mit Schulden
- Schuldenregulierung, Verhandlungsstrategien
- Durchführung eines (Verbraucher-)Insolvenzverfahrens mit Restschuldbefreiung als Regulierungsmodell

Hinter jedem dieser Bausteine zur systematischen und strukturierten Bearbeitung eines Schuldenfalles verbergen sich zahlreiche, der Lebensvielfalt entspringende Detailprobleme. Schon an dieser Auflistung einer idealtypischen Vorgehensweise der Schuldnerberatung wird aber ohne Weiteres deutlich, dass die Vorhaltung eines solchen arbeits- und zeitintensiven Angebots die Kapazitäten der Betreuer/innen und deren fachliche Kompetenzen in der Regel bei Weitem übersteigt.

Forderungsüberprüfung

Auch wenn also solch eine detaillierte Bearbeitung der häufig vielschichtigen und umfangreichen Schuldenproblematik kaum möglich ist, sollten Betreuer/innen unbedingt erkennen können, ob Forderungen berechtigt sind bzw. ob Zweifel an deren Berechtigung bestehen.
Im Rahmen der Überprüfung der Rechtmäßigkeit der Forderungen wären zumindest folgende, hier nur beispielhaft aufgelistete Fragen zu klären:
- Ist die Schuldnerin/der Schuldner überhaupt Adressat der Forderung?
- Sind Fristen zu beachten, z. B. zur Einlegung von Rechtsmitteln/Rechtsbehelfen, zur Vermeidung ggf. weiterer Kosten verursachender Maßnahmen usw.?
- Ist die Forderung evtl. bereits verjährt?

- Sind die Kosten der Forderungsbeitreibung – insbesondere die in der Praxis häufig anzutreffenden Inkassokosten – berechtigt? Hat die Gläubigerseite die ihr insoweit obliegende Pflicht zur Schadensminderung beachtet?

PRAXISBEISPIEL Im Umgang mit überschuldeten Klient/innen spielt in der Praxis der Schuldnerberatung ebenso wie im Betreuungsalltag die Überprüfung der Erstattungsfähigkeit von Inkassokosten eine bedeutsame Rolle. Das Prüfschema Inkassokosten des Arbeitskreises InkassoWatch[1] verdeutlicht einerseits, wie komplex und kompliziert die bei der Klärung der Berechtigung von Inkassokosten zu prüfenden Fragestellungen sein können, es ist andererseits eine für die Praxis der Forderungsüberprüfung überaus wichtige Arbeitshilfe. ✖

Im Zusammenhang mit der (ggf. unterlassenen) Forderungsüberprüfung lauern zahlreiche, nachstehend nur beispielhaft aufgelistete (Haftungs-)Gefahren:
Unberechtigte Forderungen werden aus Unachtsamkeit (z. B. weil vergessen worden ist, die Einrede der Verjährung zu erheben) ausgeglichen oder ausdrücklich (z. B. durch Schuldanerkenntnis) oder mittelbar (z. B. durch Stundungsbegehren und Ratenzahlung) anerkannt.
Nach alledem stellt sich für Betreuer/innen die Frage, wie sie, um Fehler zu vermeiden und finanzielle Schäden von den Klient/innen fernzuhalten, diesen Anforderungen gerecht werden können. Reichen die eigenen Kenntnisse zur Lösung des Problems aus oder ist spezieller (Rechts-)Rat einzuholen? Wann sollte eine spezialisierte Schuldner- und Insolvenzberatung(sstelle) eingeschaltet werden?
Nicht selten treten bei den Regulierungsbemühungen in der Konfrontation mit versierten »Profi«-Gläubigervertreter/innen die ungleich verteilten Kräfteverhältnisse zutage, was nachvollziehbar gelegentlich als Ohnmacht und Überforderung empfunden wird.
Es gilt dabei, stets selbstkritisch auch die Grenzen des eigenen Tuns, der eigenen Kompetenzen und Handlungsmöglichkeiten zu hinterfragen. Von niemandem kann verlangt werden, dass er/sie allzuständig oder gar allwissend ist, auch nicht von Betreuer/innen.

---

1 Das »Prüfschema Inkassokosten« des Arbeitskreises InkassoWatch ist abrufbar auf der Homepage des Fachzentrums Schuldenberatung im Lande Bremen e.V. (FSB) unter http://fsb-bremen.de/amfiles/Pruefungsschema_Inkassokosten_des_AK_InkassoWatch_Endfassung-15_04_2016.pdf

Insolvenzverfahren und Restschuldbefreiung

Die im Jahre 1999 erfolgte Einführung der Insolvenzordnung mit der Möglichkeit, Befreiung von den (restlichen) Verbindlichkeiten zu erlangen, wenn bestimmte Voraussetzungen erfüllt sind, hat für überschuldete Klient/innen unstreitig positiv zu bewertende Effekte.

Nicht zu unterschätzen sind aber die gestiegenen Anforderungen, die dieses gerichtsförmige Schuldenbereinigungsverfahren für Betreuer/innen mit sich bringt. Auch wenn sie in der Regel nicht für die Verfahrensdurchführung verantwortlich sind, sind sie gemeinsam mit den Klient/innen mit Fragen konfrontiert, die ohne Grundkenntnisse über den Ablauf des Verfahrens, die Rolle der beteiligten Akteur/innen und die zu streitigen Fragen ergangene Rechtsprechung nicht zu beantworten sind.

Zur Vermeidung von Missverständnissen und um der Gefahr des Scheiterns der Bemühungen um Restschuldbefreiung zu entgehen, ist für das Verhältnis von Betreuungs- und Insolvenzverfahren u.a. Folgendes zu beachten:

Die Insolvenzordnung enthält keine eigenständigen Regelungen für Klient/innen der Betreuung. Die in § 1896 BGB geregelte rechtliche Betreuung begründet eine gesetzliche Vertretungskompetenz, die es Betreuer/innen grundsätzlich nur gestattet, mit ihrer Entscheidungsbefugnis neben die Klient/innen zu treten. Die Einrichtung einer Betreuung mit den Aufgabenkreisen »Vermögenssorge, Schuldenregulierung« usw. hat auf die Geschäftsfähigkeit der Klient/innen in der Regel keinen Einfluss. Überschuldete Klient/innen sind trotz angeordneter Betreuung, wie jede andere Person auch, insolvenzfähig und – solange sie nicht geschäftsunfähig sind – auch verfahrensfähig, können also Verfahrenshandlungen selbst wirksam vornehmen, z.B. einen Insolvenzantrag stellen.

Sind überschuldete Klient/innen geschäfts- und verfahrensfähig, haben sie auch höchstpersönliche Erklärungen (wie z.B. das Nichtvorliegen von Versagungsgründen gem. § 4a Abs. 1 S. 3 InsO oder die Erklärung über die Richtigkeit und Vollständigkeit der Verzeichnisse gem. § 305 Abs. 1 Nr. 3 InsO) selbst abzugeben.

Fehlt ihnen dagegen die Verfahrensfähigkeit, ist der Insolvenzantrag durch den Betreuer/die Betreuerin zu stellen, der/die mit dem entsprechenden Aufgabenkreis bestellt worden ist.

Während des (Restschuldbefreiungs-)Verfahrens gehört es zu den Pflichten der Betreuer/innen mit dem Aufgabenkreis der »Vermögenssorge«

Professionelle Maßstäbe zur Unterstützung ver- und überschuldeter Klient/innen

(oder eines vergleichbaren Aufgabenkreises) darauf zu achten, dass die Klient/innen Versagungsgründe (§ 290 InsO) vermeiden und ihre Obliegenheiten (§ 295 InsO) entsprechend ihren geistigen und körperlichen Fähigkeiten erfüllen, da bei Zuwiderhandlungen das Scheitern der Schuldbefreiung droht.

BEISPIEL für eine mögliche Haftungsgefahr: Reichen in das Verfahren eingetretene Betreuer/innen mit dem Aufgabenkreis »Vermögenssorge« fehlerhafte Unterlagen im Sinne des § 305 Abs. 1 Nr. 3 InsO ein, werden sie sich kaum auf eine einfache Fahrlässigkeit berufen können, da sie verpflichtet waren, die Vermögensverhältnisse der Klient/innen zu sichten und zu ordnen. ✘

Was das Verhältnis des Tätigkeitsbereichs der Insolvenzverwaltung im Verhältnis zur Betreuung nach Eröffnung des gerichtlichen Insolvenzverfahrens angeht, besteht häufig die Fehlvorstellung, man habe mit dem weiteren Gang des Verfahrens nichts mehr zu tun. Richtig ist stattdessen, dass Betreuer/innen weiterhin Ansprechpartner/innen für Anfragen der Insolvenzverwaltung (§ 1901 ff. BGB) sind und bleiben. Schon von daher erscheint Kooperation sinnvoll und wichtig.

Betreuer/innen sind daher gut beraten, sich über die Aufgaben der Insolvenzverwaltung Klarheit zu verschaffen. So übernimmt die Insolvenzverwaltung zwar die Verwaltungs- und Verfügungsbefugnis über das zur Insolvenzmasse gehörende Vermögen (§ 80 InsO), die Vermögenssorge und ggf. die Verhinderung der Neuverschuldung werden der gesetzlichen Betreuung nicht abgenommen.

Arbeitsteiliges Vorgehen und Vernetzung

Der Aufgabenbereich der gesetzlichen Betreuung ist sehr vielfältig und umfangreich, und den Betreuer/innen steht neben den sonstigen Aufgaben regelmäßig für die Bearbeitung der Schuldenproblematik nur wenig Zeit zur Verfügung. Dabei gilt es auch zu verdeutlichen, wo die Grenzen der Unterstützung ver- und überschuldeter Klient/innen im Betreuungsverhältnis liegen und wann die Inanspruchnahme externer Strukturen der spezialisierten Beratung und Begleitung überschuldeter Klient/innen notwendig wird.

Deshalb ist es dringend geboten, arbeitserleichternde, in der Praxis bereits erprobte, zielführende Maßnahmen auf ihre Übertragbarkeit zu überprüfen und die positiven Entwicklungen aufzugreifen.

Auch wenn in Deutschland eine ausreichende, flächendeckende Angebotsstruktur der Schuldnerberatung fehlt, wird vielfach von gelungenem, arbeitsteiligem Zusammenwirken zwischen Betreuung und Schuldnerberatung berichtet. Der unschwer erkennbare Vorteil für Betreuer/innen liegt darin, mit einer verlässlichen Anlaufstelle – das können im Einzelfall auch in diesem Arbeitsfeld erfahrene und spezialisierte Rechtsanwält/innen sein – für die weiterführende Bearbeitung der häufig sehr komplexen Schuldenproblematik in beiderseitigem Interesse kooperieren zu können.

Eher auf Ausnahmen beschränkt, aber bei entsprechender Mindestqualifizierung über eine (Grund-)Ausbildung zur Schuldnerberaterin/zum Schuldnerberater immerhin denkbar, wäre die landesrechtliche Anerkennung als »Geeignete Stelle« im Sinne des § 305 InsO, die dann auch dazu berechtigen würde, Schuldner/innen in das Insolvenzverfahren zu begleiten. Dieses Modell kommt für »Einzelkämpfer/innen« kaum in Betracht. Zuweilen wird aber z. B. bei Betreuungsvereinen bereits von dieser Möglichkeit der Vorhaltung einer solchen spezialisierten Dienstleistung Gebrauch gemacht, insbesondere dann, wenn damit gleichzeitig die Finanzierung über den Landeshaushalt sichergestellt werden kann.

Ausblick

Der Umstand, dass es im Arbeitsalltag von Betreuer/innen kaum jemals möglich ist, sich mit der Schuldenproblematik der Klient/innen so intensiv zu befassen, wie eine spezialisierte Schuldnerberatungsstelle, hindert nicht, sich mit fachlicher Unterstützung nach professionellen Maßstäben um die Lösung auftretender Fragestellungen zu bemühen.

In diesem Zusammenhang wird in die aktuelle Diskussion über das verschiedentlich von Betreuer/innen geäußerte Bedürfnis nach einer spezialisierten und institutionalisierten Fachberatung nachzudenken sein. Hier gibt es mit den in einigen Regionen in Deutschland bestehenden Fachberatungszentren ein in der Schuldnerberatung bereits seit Jahren erfolgreich erprobtes Modell, das als institutionalisierte, stets verfügbare

Unterstützung für die Berater/innen vor Ort allgemein anerkannt ist und starken Zuspruch erfährt. Rechtliche und methodische Probleme werden so mithilfe der modernen Kommunikationsmöglichkeiten von den gut ausgestatteten Fachzentren rasch und unkompliziert gelöst.

Im Interesse einer Verbesserung der professionellen Ausgestaltung des Arbeitsbereichs erscheint es außerdem sinnvoll und wünschenswert, neben der vorstehend skizzierten Vernetzungsmodellen vor Ort, die Kooperation und den Austausch über gemeinsame Probleme auch auf (Bundes-)Verbandsebene zwischen dem BdB e. V. und der Bundesarbeitsgemeinschaft Schuldnerberatung (BAG SB e. V.) zu verstärken.

Hans Peter Ehlen
Korrespondenzadresse: kanzlei@rae-efs.de

AUTORINNEN UND AUTOREN

Dr. med. Volkmar Aderhold, *Arzt für Psychiatrie, Psychotherapie und Psychotherapeutische Medizin; aktuell: Institut für Sozialpsychiatrie an der Universität Greifswald; Lehrender für Systemische Therapie und Beratung (DGSF). volkmar.aderhold@uni-greifswald.de*

Thorsten Becker, *Vorsitzender des Bundesverbandes der Berufsbetreuer/innen e. V., Berufsbetreuer (Gießen). thorsten.becker@bdb-ev.de*

Dirk Brakenhoff, *Referent für Grundsatzfragen im Bundesverband der Berufsbetreuer/innen e. V. dirk.brakenhoff@bdb-ev.de*

Horst Deinert, *Dipl.-Verwaltungswirt (FH), Dipl.-Sozialarbeiter (FH), Verwaltungswissenschaftler (VWA). horst.deinert@gmx.de*

Hans Peter Ehlen, *Rechtsanwalt (Ganderkesee) und ehemaligerReferent beim Fachzentrum Schuldenberatung im Lande Bremen e. V. kanzlei@rae-efs.de*

Ulrich Engelfried, *Betreuungs- und Familienrichter am Amtsgericht Hamburg-Barmbek, Sprecher der Neuen Richtervereinigung in Hamburg, Vorsitzender Beirat für Qualitätsentwicklung im BdB e. V. ulrich.engelfried@ag.justiz.hamburg.de*

Uwe Harm, *Diplom-Rechtspfleger (FH), Justizoberamtsrat a. D. in Daldorf. uwe.harm@web.de*

Anne Heitmann *(ah kommunikation/Agentur für Public Relations). Die Agentur begleitet den BdB seit 2001 in der Gestaltung seiner Öffentlichkeitsarbeit und hat unter anderem alle politischen Kampagnen mitentwickelt, zudem wird die Verbandszeitschrift bdbaspekte von ihr erstellt und durchgeführt. heitmann@ah-kommunikation.net*

Eberhard Kühn, *Diplom-Pädagoge, Berufsbetreuer (seit 1996), Mitglied in der BAG Berufsentwicklung und Fachberater im BdB e. V., seit 2011 Dozent des ipb. ekuehn@betreuung-lev.de*

Kay Lütgens, *Rechtsanwalt, Verbandsjurist des BdB e. V., Autor zahlreicher Bücher und Zeitschriftenartikel zum Betreuungsrecht. kay.luetgens@bdb-ev.de*

Iris Peymann, *Diplom-Politologin, Systemische Familientherapeutin; (DGSF), Systemische Supervisorin (DGSF) und Lehrende für systemische Beratung und Supervision (DGSF), Berufsbetreuerin in Hamburg, Vorstand Finanzen des BdB e. V. i.peymann@betreuung-und-beratung.de*

Peter Winterstein, *Vizepräsident des Oberlandesgerichtes Rostock i. R.; von 1986 bis 1989 im Bundesjustizministerium als Referent am Betreuungsgesetzentwurf beteiligt; von 1996 bis 2004 als Referatsleiter im Landesjustizministerium Mecklenburg-Vorpommern am BtÄndG und am 2. BtÄndG beteiligt; Vorsitzender des Betreuungsgerichtstags. peter_winterstein@web.de*

Hilke Wolken-Gretschus, *Referentin für Qualitätsentwicklung am Institut für Innovation und Praxistransfer in der Betreuung ipb gGmbH. hilke.wolken-gretschus@ipb-weiterbildung.de*

Dr. phil. Michael Wunder, *Dipl.-Psychologe und psychologischer Psychotherapeut, Leiter des Beratungszentrums der Evangelischen Stiftung Alsterdorf in Hamburg, Leiter eines Entwicklungsprojektes der Behindertenhilfe und Psychiatrie in Rumänien, Mitglied der Enquete-Kommission »Ethik und Recht der modernen Medizin« in der 14. und 15. Legislaturperiode im Deutschen Bundestag, 2008–2016 Mitglied des Deutschen Ethikrates. m.wunder@alsterdorf.de*